MEER&EIS

Ralf Brauner · Niels Jakobi

MEER&EIS

Leben und Forschung im Eis

DSV-Verlag

HANSEATIC

Inhalt

Vorwort

Es ist nachmittags, etwa 30 Grad Celsius warm, und wenn man während der Seewache aus den Brückenfenstern des Forschungsschiffes *METEOR* blickt, hat man eine herrliche Kulisse vor Augen: an Backbord die über zweitausend Meter hohe Gebirgskette des Sinai, an Steuerbord die kargen Höhenzüge Saudi-Arabiens.

Wir befinden uns am Ende einer mehrwöchigen Forschungsreise im Golf von Aqaba. Und genau hier auf der Brücke kommt uns die Idee, ein Buch über Reisen in arktische und antarktische Gefilde zu schreiben.

Jeder von uns hat mehrere Reisen in die hohen Breiten – auch zu unterschiedlichen Jahreszeiten – unternommen und die Schönheit unbezwingbarer Naturerscheinungen genau vor Augen. Ein erstes Konzept über die Themenbereiche ist schnell erstellt: Kein Erdkundebuch soll es werden, sondern vielmehr den Eindruck wiedergeben, den der Reisende gestern und heute gewonnen hat.

Erinnerungen, die man an manche Situation hat, werden veranschaulicht und ergänzt durch Fotos und Bilder. Begleitet werden sie durch Texte, die sich mit den Reisen „ans Ende der Welt" auseinandersetzen. Unterstützt wurden wir bei der Durchführung des Projektes auch von Freunden und

Kollegen, die in unterschiedlicher Weise Bekanntschaft mit dem Thema gemacht haben: Kapitäne von Expeditionskreuzfahrtschiffen und Forschungsschiffen, Piloten, Wissenschaftler und Teilnehmer an Überwinterungen in der deutschen Forschungsstation in der Antarktis.

Arktis und Antarktis – für viele Symbol für das Ende der Welt. Wissenschaftlich belegt ist aber, dass sie für das Weltklima die Herzen der Erde sind.

Auf den ersten Blick tritt das Gleiche beider Regionen in den Vordergrund, aber es gibt auch das Gegensätzliche, das sich schließlich in unseren Gedanken zu einem Ganzen zusammenfügt.

Dies ist mit ein Grund, dass es von alters her die Menschen dazu bewegt, arktische und später antarktische Regionen zu bereisen.

Trotz aller Unterschiede haben Arktis und Antarktis gemeinsam die Unerreichbarkeit, die für den Menschen unwirtlichen Lebensbedingungen, die Schönheit des Eises in den unterschiedlichsten Formen, den Reichtum an Leben, und beide Pole haben trotz ihrer Verletzlichkeit durch Auswirkungen unserer Zivilisation eine Schlüsselposition für das Weltklima.

Unsere Bilder und Fotos sollen beim Leser einerseits Fernweh und andererseits Achtung für diese letzten nahezu menschenleeren Gebiete unseres Globus auslösen. Auch an die Leistungen der Teilnehmer von Expeditionen ins Ungewisse – vor allem im 19. und der ersten Hälfte des 20. Jahrhunderts – wird erinnert.

Und auch heute ist es trotz fortgeschrittener Technik nur mit größtem Aufwand möglich, erfolgversprechen-

de Reisen sicher durchzuführen. Selbst mit großen Forschungseisbrechern wie der *POLARSTERN* ist es nicht ohne weiteres möglich, in dieser unwirtlichen Welt Grundlagenforschung zu betreiben.

Aber nicht nur Forscher und Seeleute bereisen heute diese Gebiete. In den letzten zwei Jahrzehnten hat sich ein neuer Tourismuszweig entwickelt: von der Kreuzfahrt hin zur Expeditionskreuzfahrt mit relativ kleinen, aber aufwendig ausgerüsteten Schiffen. So mancher schwere Sturm in der Drake Passage zwischen Kap Hoorn und der antarktischen Halbinsel ist zu bezwingen, bevor der Passagier und Antarktis-Enthusiast Deception-Island oder die ersten Pinguin-Kolonien sehen kann. Um dieses zu ermöglichen, muss von der Schiffsführung einiges geleistet werden: Eisbarrieren, schlecht kartierte Seegebiete und Schlechtwettergebiete sind die Herausforderungen trotz aller Technik und Technikgläubigkeit.

Und sogar den ein oder anderen Segler zieht es nicht in die Wärme der Karibik, sondern ganz bewußt in die kalten, vereisten Gebiete der Arktis oder die Küstenmeere des antarktischen Kontinents.

Die sensiblen Ökosysteme von Arktis und Antarktis zu schützen und zu bewahren, die negativen Auswirkungen durch die Ausbeute natürlicher Ressourcen zu verhindern, muss das Anliegen aller Menschen sein.

Noch lange wird es dauern, bis die komplizierten Mechanismen, die sich im arktischen Meer oder in der Antarktis abspielen und unser Klima und damit auch das Leben in gemäßigten Breiten bestimmen, erforscht und verstanden worden sind. Die Polar- und Meeresforschung mit ihren unterschiedlichen Disziplinen ist deshalb wichtiger denn je.

Ralf Brauner Niels Jakobi

Gletscher auf Spitzbergen

Die Arktis

... „Eisberg voraus“, meldet der Ausguck dem wachhabenden Offizier. Die Fahrt des Schiffes wird reduziert, und langsam kommt der Eiskoloss näher, wird größer und imposanter. Routiniert wird der Kurs um einige Grad geändert: Kollidieren möchte keiner mit diesem viele tausend Tonnen kalten Wassers verdrängenden Riesen aus Eis.

Aber ein Naturschauspiel ist es allemal.

Auf den Außendecks haben sich mittlerweile viele Passagiere und Besatzungsmitglieder eingefunden. Die Farben und das Glitzern, die bizarre Form, teilweise scheinen sich Höhlen in den weißbläulichen Werkstoff gefressen zu haben: Es geht etwas Faszinierendes von ihm aus! Manch einem geht ein kalter Schauer den Rücken herunter: Assoziationen mit dem berühmten Passagierschnelldampfer, der auf der ersten Reise nach New York mit einem solchen Klotz kollidierte und dessen Geschichte immer wieder Vorlage für grausig-kitschige Filmproduktionen war.

Langsam wird der Eisberg passiert; unser Schiff setzt seine Reise fort, und der schwimmende Felsen wird wieder kleiner.

Hier beim Anblick des ersten Eisbergs beginnt nach unserem Empfinden die Arktis. Für den Naturwissenschaftler beginnt sie auf dem Breitenparallel von 66° 32‘ Nord. Nördlich dieser Linie geht die Sonne mindestens einmal in 24 Stunden nicht auf (Wintersonnenwende) bzw. nicht unter (Sommersonnenwende).

Eine neuere Definition umfasst das Gebiet, welches nördlich der 10 °Celsius-Juli-Isotherme (diejenige Linie rund um die Erdkugel, die alle Orte gleicher mittlerer Lufttemperatur von 10 °Celsius im Juli verbindet) liegt.

Namensgeber für die Arktis ist der scheinbar still stehende Polarstern im Sternbild des Kleinen Bären. Das altgriechische Wort für Bär ist Arktos. Der Polarstern ist von alters her gut zur Orientierung für die Nordrichtung geeignet.

Die Arktis selbst ist ein zum Teil mit Eis bedecktes Meer, das von den Kontinenten Europa, Asien und Amerika umgeben ist. Es gehören also das nördliche Skandinavien, weite Teile Sibiriens, Alaska, Kanada und größere Inseln wie Grönland, Spitzbergen und Nowaja Semlja dazu.

Das Nordpolarmeer wird durch die Dänemarkstraße – zwischen Island und Grönland – und die Baffin Bay entlang der grönländischen Westküste mit dem Atlantischen Ozean verbunden. Zum Pazifik führt die Beringstraße. Die Eisbedeckung des

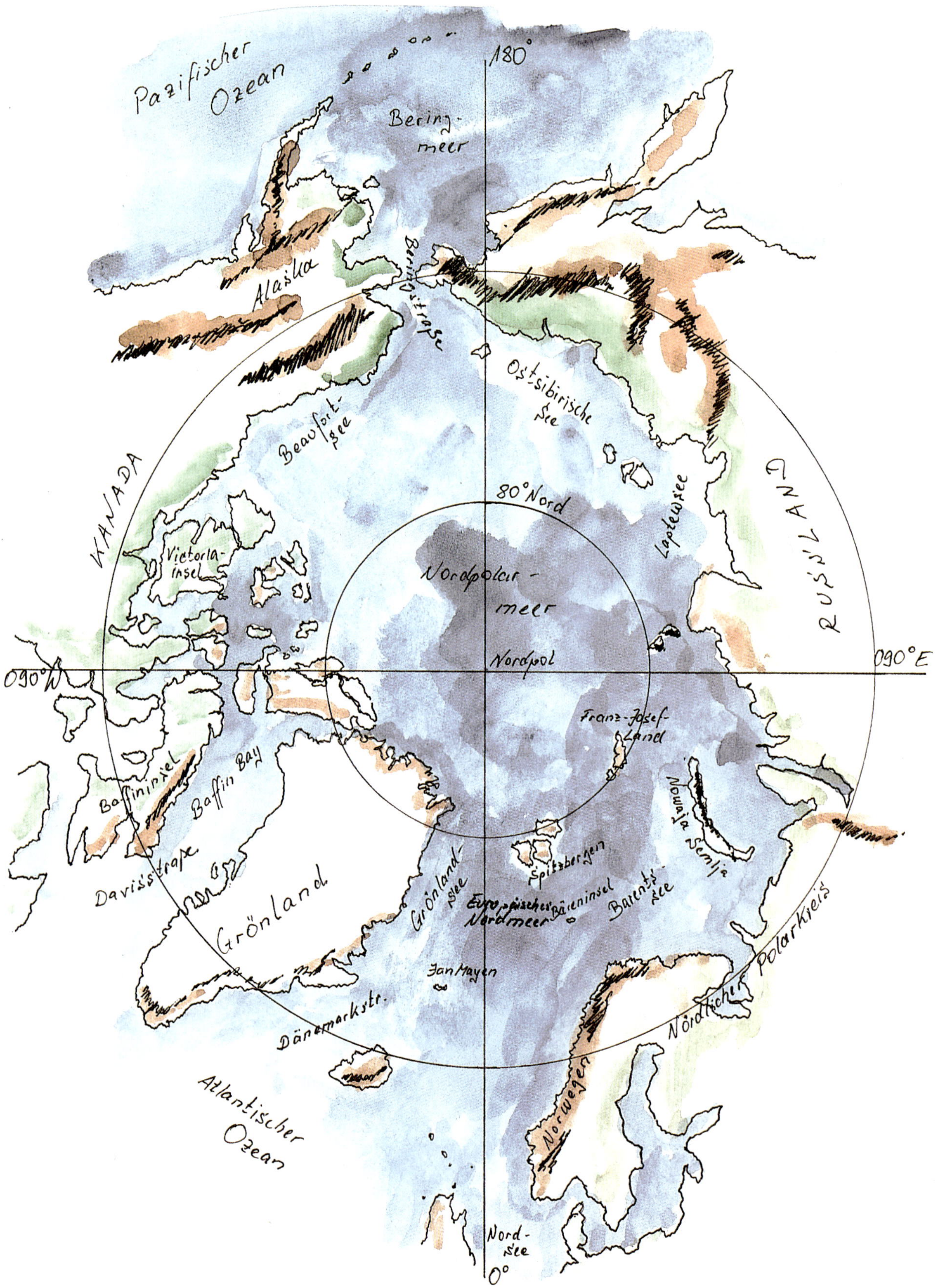
Pazifischer Ozean
180°
Bering-meer
Beringstraße
Alaska
Ostsibirische See
Beaufortsee
KANADA
Victoria-insel
80° Nord
Laptewsee
RUSSLAND
Nordpolar-meer
Nordpol
090°W
090°E
Franz-Josef-Land
Baffininsel
Baffin Bay
Nowaja Semlja
Davisstraße
Grönland
Grönlandsee
Spitzbergen
Europäisches Nordmeer
Bäreninsel
Barentssee
Nördlicher Polarkreis
Jan Mayen
Dänemarkstr.
Norwegen
Atlantischer Ozean
Nordsee
0°

Flug über
das sommerliche
Spitzbergen

Nordpolarmeeres erstreckt sich vom Nordpol bis etwa 80 Grad nördlicher Breite. Diese meterdicken Eismassen sind in ständiger Bewegung: Erdrotation, Strömungen und Wind sorgen für ineinandergeschobenes und aufgetürmtes Packeis, einzelne abgebrochene Schollen und eisfreie Rinnen. Ausgedehnte offene Wasserflächen wurden bereits von frühen Forschungsexpeditionen zum Vordringen in nördlichere Breiten genutzt.

Die Eisberge der Arktis stammen aus Kalbungen von Inlandgletschern, bestehen demzufolge aus Süßwasser. Das Eis kann ein Alter von bis zu 6000 Jahren haben; Grund genug, durch entsprechende glaziologische Untersuchungen Aufschluss über die Entwicklung des Klimas zu erhalten. Diese Berge driften in zehn Jahren im Uhrzeigersinn um das Nordpolarmeer.

Siedlung des ehemaligen Kohleabbaugebiets Ny Ålesund, Spitzbergen

Alte Eisenbahn für den Kohletransport, Ny Ålesund, Spitzbergen

Bewohner der Gebiete um das Nordpolarmeer sind das zirkumpolare Jägervolk der Inuit. Die Gesamtzahl der Inuit wird mit 85000 angegeben, ihre Sprache - das Inuktitut - wird von allen Teilvölkern verstanden, gerät aber durch die Einflüsse der Industriegesellschaft genauso wie die bis vor kurzem traditionelle Lebensweise in die Gefahr des Vergessenwerdens. Bisher lebten sie in einer Art des natürlichen Gleichgewichts zu ihrer an sich lebensfeindlichen Umwelt als genügsame Jäger und Fischer. Sie jagen traditionell mit einfachen Mitteln hauptsächlich Robben, kleine Wale, aber auch das bekannteste Tier der Arktis: den Eisbären.

Das Nordpolarmeer zählt zu den wichtigen Fischgründen der Welt. Die Fischereiflotten vieler Nationen sind seit Jahrhunderten mit ihren Fangflotten dort vertreten. Vor den Küsten Westgrönlands werden hauptsächlich Kabeljau und Garnelen gefangen.

Die Bodenschätze spielen eine immer wichtigere Rolle in der Arktis: Während früher der Abbau von Kohle auf Spitzbergen oder Eisenerzen im norwegischen Kirkenes erwähnenswert waren, so verlagern sich jetzt die Interessen auf die Ausbeute der Erdöl- und Erdgaslagerstätten von Alaska und weiten Teilen Sibiriens.

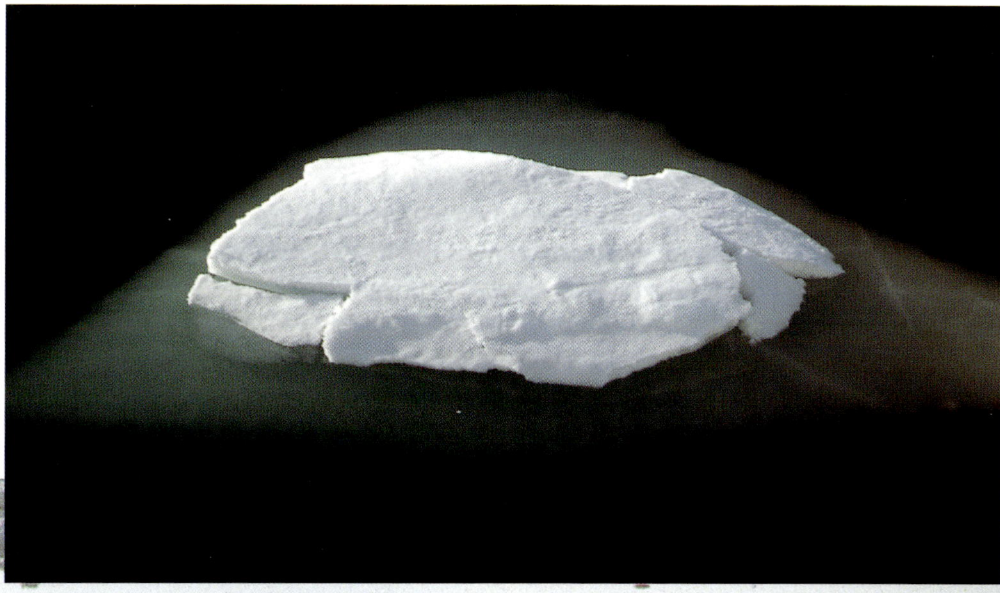

Die Antarktis

Antarktis - der sechste Kontinent, umgeben von den Ozeanen Atlantik, Pazifik und Indik, eigentlich vom Menschen unbewohnt, ohne Grenzen, voller Extreme und voller Geheimnisse.

Bereits die alten Griechen haben sich Gedanken über die Existenz einer der Arktis entgegen gesetzten Antarktis, der Antarktos, gemacht. Es waren selbstverständlich nur theoretische Überlegungen ausgehend vom Prinzip der Symmetrie. Schon 530 v. Chr. bewies Pythagoras die Kugelform der Erde. Erst 729 n. Chr. stellte der Engländer Bede die Behauptung auf, dass die Südpolregion eine vereiste Landmasse sein müsse. Erst wesentlich später wurde der antarktische Kontinent bereist und erforscht. Seine Unbezwingbarkeit hat viele Opfer gefordert, und noch heute ist es nur unter großen technischen Mühen möglich, die Antarktis zu betreten.

Als nördliche Begrenzung der Antarktis wird zum einen der südliche Polarkreis, aber auch aus ökologisch-biologischer Sichtweise definiert die antarktische Konvergenz, die sich in Abhängigkeit der Jahreszeit zwischen 54 und 62 Grad Südbreite befindet. An dieser Grenze treffen das kalte und nährstoffreiche Wasser des Südpolarmeeres mit dem wärmeren Wasser des Atlantischen, Indischen und Pazifischen Ozeans zusammen.

Antarktika war ursprünglich Teil des Südkontinents Gondwanaland. Die Teilung in Südamerika, Indien, Afrika, Australien und natürlich Antarktika begann im geologischen Zeitalter des Trias vor 240 Millionen Jahren. Die Kontinentalbewegung ließ die antarktische Platte später südwärts driften. Vor 20 Millionen Jahren begann die Bildung der ersten Gletscher.

Diese bereits 1912 aufgestellte Theorie Alfred Wegeners vom ursprünglichen Zusammenhang der südlichen Kontinente und ihrer anschließenden Drift wird mittlerweile durch den Nachweis übereinstimmender Formationen und Boden-

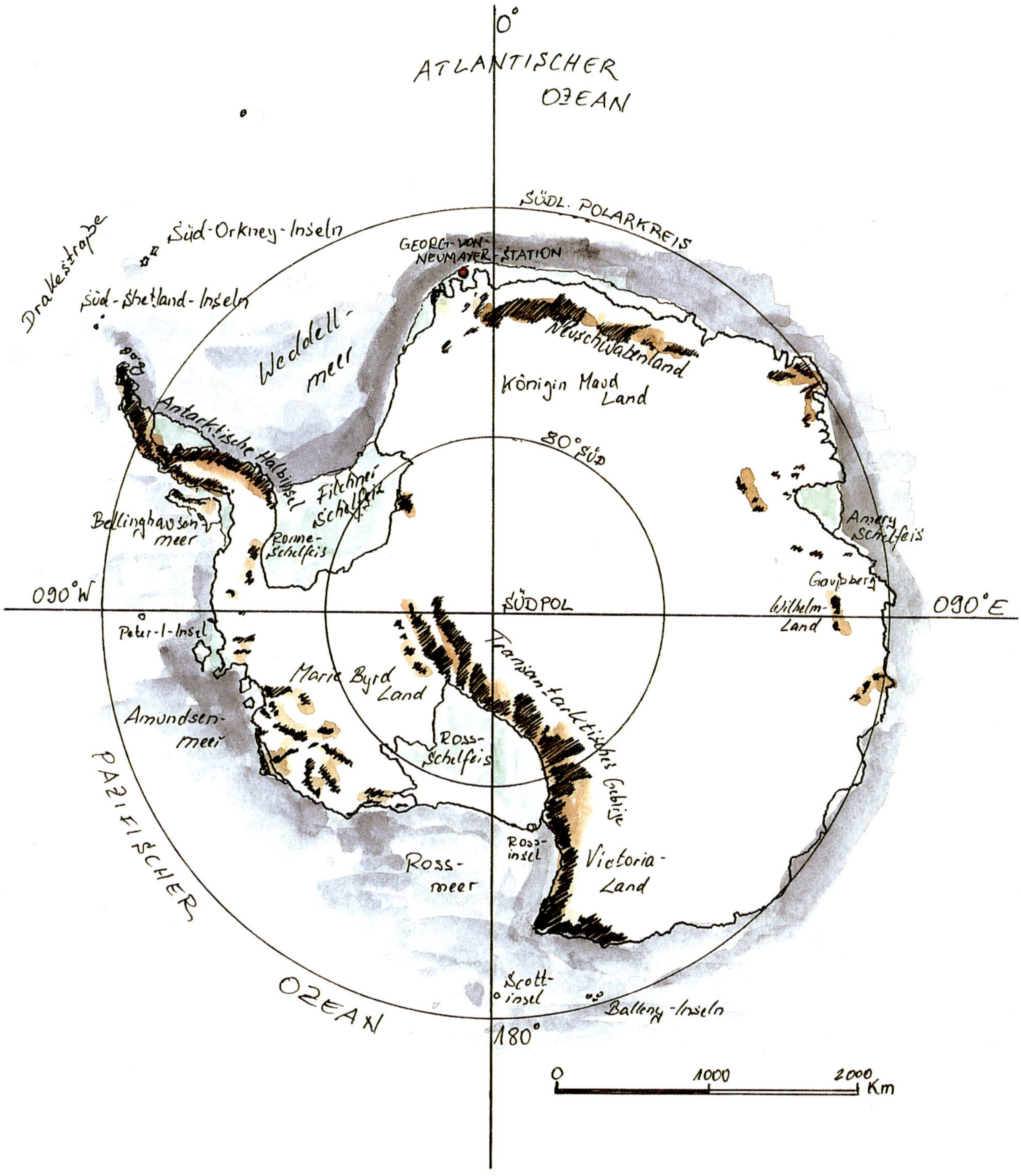
0°
ATLANTISCHER OZEAN
SÜDL. POLARKREIS
Süd-Orkney-Inseln
Drakestraße
Süd-Shetland-Inseln
GEORG-VON-NEUMAYER-STATION
Weddellmeer
Neuschwabenland
Königin Maud Land
Antarktische Halbinsel
80° SÜD
Filchner-Schelfeis
Amery Schelfeis
Bellinghausen-meer
Ronne-Schelfeis
Gaußberg
090° W
SÜDPOL
Wilhelm-Land
090° E
Peter-I-Insel
Transantarktisches Gebirge
Marie Byrd Land
Amundsen-meer
Ross-Schelfeis
PAZIFISCHER OZEAN
Ross-insel
Victoria-Land
Ross-meer
Scott-insel
Balleny-Inseln
180°
0
1000
2000
Km

Die POLARSTERN
an der Schelfeiskante
der Atka Bucht

schätze sowie das Vorhandensein von Kohlevorkommen bestätigt.

Nach der Entdeckung von Bodenschätzen wäre eine Ausbeutung der Vorkommen schon Mitte des 20. Jahrhunderts begonnen worden. Zum Glück verhinderten Unerreichbarkeit und äußere Bedingungen eine gewinnbringende Förderung.

Schließlich begannen die Weltmächte nach dem Zweiten Weltkrieg - in Europa herrschte der Kalte Krieg - mit dem Aufbau von Forschungsstationen in der Antarktis. Neben dem wissenschaftlichen Interesse war die politische Präsenz der wohl wichtigere Grund.

Gebietsansprüche waren schnell gestellt und wurden erst mit Inkrafttreten des Antarktisvertrages 1961 aufgehoben. Friedliche Forschung, Schutz der antarktischen Natur, Verzicht auf Gebietsansprüche, der Verzicht auf Bergbau, der Betrieb und die

Gekenterter Eisberg

Versorgung von wissenschaftlich genutzten Stationen sind die Kernaussagen des Vertrages. Die Bundesrepublik Deutschland trat 1979 dem Vertrag bei und wurde 1981 konsultatives Mitglied. Die deutschen Aktivitäten werden vor allem dokumentiert durch das 1980 gegründete Alfred-Wegener-Institut für Polar- und Meeresforschung, die ganzjährig betriebene Forschungsstation in der Atka-Bucht und das eisgehende Forschungsschiff *POLARSTERN*. Der Vertrag garantiert zumindest in den kommenden Jahrzehnten einen relativ unberührten Kontinent.

Die Natur und das Leben in der Antarktis und auf dem antarktischen Kontinent werden durch die Extreme bestimmt:

89 Prozent des Eisweltvolumens befinden sich in der Antarktis! Die Temperatur des Kontinents beträgt durchschnittlich –34,5 °Celsius. Mit einer Durchschnittshöhe von über 2000 Metern ist es der höchste und mit Windgeschwindigkeiten bis zu 300 km/h auch der stürmischste Kontinent.

In den großen Buchten haben sich die riesigen Ross- und Filchner-Schelfeisgebiete gebildet. Rund um die Antarktis befindet sich das Südpolarmeer, das einer reichen Fauna Lebensraum gibt. Pinguine, Walrösser und Wale fühlen sich hier wohl und sind angepasst an ihren Lebensraum.

Segelyacht
FUTURO
an der
antarktischen
Halbinsel

Die deutsche Polar-Forschungs-Schifffahrt

Die Dokumentation der Erkundung arktischer und antarktischer Gebiete erfolgt bis zur Mitte des 19. Jahrhunderts im Rahmen von Reiseberichten, Skizzen und angefertigtem Kartenmaterial durch Kapitäne von Walfängern sowie Handelsleute.

In den polaren Gewässern mit seinem reichen Vorkommen an Plankton und Fischbeständen entwickelt sich der Walfang seit dem 16. Jahrhundert rapide. Die unbekannten Gewässer werden befahren, dabei erkundet, Berichte verfaßt und Informationen zusammengetragen. Gleichzeitig suchen Kaufleute eine Durchfahrt zum Indischen Ozean – die Nord-Ost- bzw. Nord-West-Passage. Ziel ist es, unabhängig von arabischen Zwischenhändlern Handel mit Ost- und Südostasien zu treiben.

Erste rein wissenschaftliche Expeditionen werden im 18. Jahrhundert durchgeführt. Zu erwähnen sind die Reisen 1734 bis 1743 von Vitus Bering zur Erforschung der Küsten Sibiriens, der nördlichen Inseln Japans, der später nach ihm benannten Beringstraße und Alaskas. John Ross befährt 1818 die nordwestlichen Küsten Grönlands auf der Suche nach der Nord-West-Passage. 1827 erreicht der Brite Parry bei Spitzbergen während seiner Bootsschlittenreise 82,7 Grad nördlicher Breite.

Die Erforschung der Antarktis beginnt mit James Cook, der 1772 bis 1774 den südlichen Polarkreis überfährt.

Die erste deutsche Nordpolarexpedition wird durch den Gothaer Kartographen August Petermann (1822 bis 1878) initiiert. Im Juli 1865 versucht er, im Rahmen der Frankfurter Geographen-Versammlung Kollegen für eine Reise in nordpolare Gewässer zu begeistern. Er plant eine Expedition mit zwei Dampfschiffen mit finanzieller Unterstützung Preußens und Österreichs. Trotz jahrelanger Bemühungen um eine preußisch-österreichische Zusammenarbeit oder aber um Flottengelder ausschließlich von der preußischen Marine muss er seine Pläne drastisch reduzieren. Noch ohne Absicherung einer Finanzierung überträgt er 1868 dem Kapitän Carl Koldewey (1837 bis 1908) die Organisation und Durchführung der ersten deutschen Nordpolar-Expedition.

Im April 1868 kauft Koldewey in Bergen eine vom Schiffbaumeister Toleffsen kurz zuvor fertig gestellte

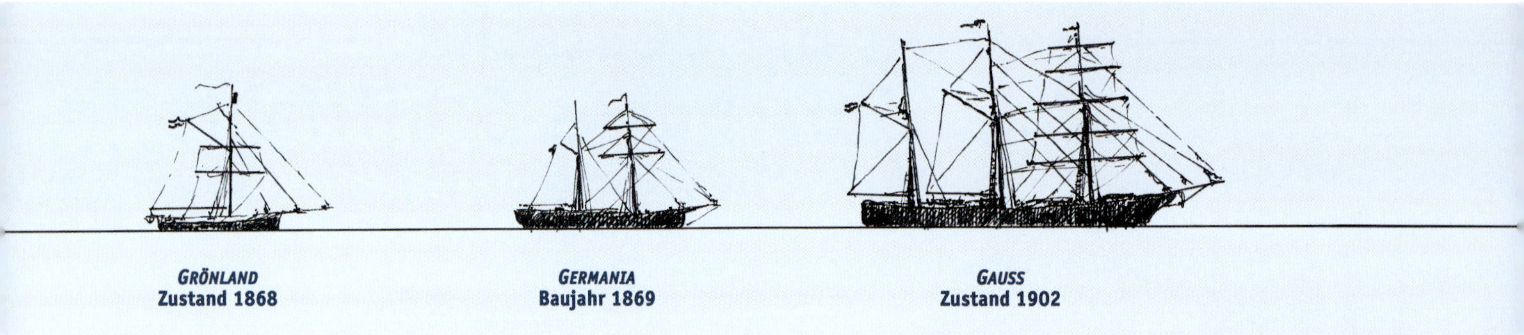

Nordische Jagt für 3750 Taler. Dieser handliche einmastige Segelschiffstyp findet besonders in der norwegischen Robbenjagd Anwendung.

In Abweichung der Vorgaben Petermanns, das Schiff *GERMANIA* zu nennen, erhält es den Namen *GRÖNLAND*.

Koldewey beginnt sofort mit Hilfe seiner zusammengestellten Besatzung mit dem Umrüsten des Schiffes. Obwohl bereits sehr stark gebaut, werden im Schiffskörper zusätzliche Versteifungen eingezogen, die Außenhaut mittels Eisenplatten vor Beschädigungen durch Eis geschützt und ein neuer, besserer Mast gesetzt.

Die technischen Angaben zeigen, dass es sich - insbesondere aus heutiger Sicht und für das unwirtliche Fahrtgebiet - um ein sehr kleines Schiff handelt:

GRÖNLAND
Länge in der Wasserlinie 18,2 m,
Breite 6,1 m, Tiefgang 2,3 m,
Verdrängung 76,3 m^3,
Segelfläche 283 m^2

Nach vollständiger Ausrüstung mit wissenschaftlichen Geräten, Proviant und Vervollständigung der Besatzung kann die *GRÖNLAND* am 24. Mai 1868 zur ersten deutschen Nordpolar-Expedition auslaufen. Kapitän Koldewey wird von zwei Steuerleuten und insgesamt neun „Schiffsleuten" (Zimmermann, Matrosen und Koch) unterstützt. Wissenschaftler befinden sich auf dieser frühen Forschungsreise nicht an Bord. Alle Messungen und Dokumentationen werden vom Kapitän und seinen Nautikern vorgenommen.

Das Ziel der Reise, die arktische Zentralregion nördlich von 75 Grad Nord zu befahren und zu beforschen kann nur zum Teil erreicht werden: die *GRÖNLAND* wird immer wieder vom Packeis eingeschlossen oder aber undurchdringliches Packeis versperrt den Weg. Schließlich erreichen Koldewey und seine Besatzung immerhin eine Position auf 81,1 Grad nördlicher Breite. Im Oktober 1868 wird die Expedition in Bremerhaven beendet. Wenn auch Koldewey selbst über den Verlauf der Reise unzufrieden ist und in seinem Bericht die Expedition sogar als mißlungen bezeichnet, so sind dennoch die gesammelten Daten und Beobachtungen über das Eis sowie ozeanographische und meteorologische Verhältnisse für die Wissenschaftler von größtem Interesse.

Schon bald nach der wohlbehaltenen Rückkehr der *GRÖNLAND* wird von Petermann der Plan zu einer neu-

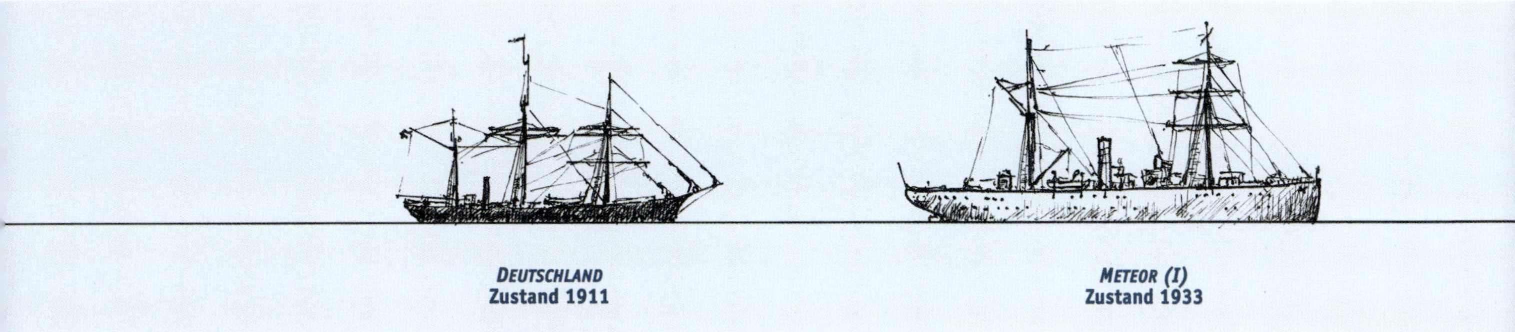

en, weitaus umfangreicheren Expedition in die Arktis vorgelegt.

Die neue Forschungsreise soll mit zwei Dampfern durchgeführt werden. Dabei soll vom zweiten Schiff aus eine Landexpedition auf Grönland abgesetzt werden.

Aus Kostengründen entscheidet man sich schließlich für den Neubau lediglich eines Forschungsschiffes. Die Organisation und Planung obliegt in erster Linie wieder Koldewey. Im März 1869 wird auf der Geestemünder Tecklenborg-Werft mit dem Bau der *GERMANIA* begonnen. Entspricht das Schiff in seinen Abmessungen und Takelung durchaus den zeitgenössischen Frachtseglern, so werden bereits bei der Konstruktion das Einsatzgebiet und die zukünftigen Aufgaben berücksichtigt. Die *GERMANIA* erhält zusätzlich eine Dampfmaschine mit einer Leistung von etwa 30 PS und ist dadurch wesentlich manövrierfähiger. Zum Schutz vor Beschädigungen durch Eis kann die Schiffsschraube in einem Schacht hochgezogen werden. Der Schiffsrumpf erhält in seinem

Durch Meereis und Eisberge gedämpfter Seegang bei schwerem Sturm nahe Kap Norwegia, Weddellmeer

***Meteor* (II)**
Baujahr 1964

Valdivia
Zustand 1990

Inneren entsprechende massive Verstärkungen, um dem Druck des Eises trotzen zu können. Die hölzerne Außenhaut wird durch eine weitere eicherne Beplankung und zusätzlich aufgebrachtes Eisenblech geschützt. Das Schiffsinnere wird für die Aufnahme größerer Mengen Kohle, Proviant und Ausrüstung für eine mögliche Überwinterung vorbereitet. Die Unterbringung der Besatzung entspricht in etwa dem üblichen spartanischen Standard: eine Einzelkajüte für den Kapitän, Gemeinschaftskajüte für Offiziere und Wissenschaftler und das Volkslogis.

Germania
Länge 26 m,
Breite 6,6 m, Tragfähigkeit 145 t,
Segelfläche 207 m^2

Als Begleitschiff kommt die *Grönland* im Gegensatz zu ursprünglichen Plänen nicht mehr zum Einsatz. Dafür wird die 1864 in Bremen gebaute hölzerne Schonerbrigg *Fulton* angekauft und in Bremerhaven für die Eisfahrt umgerüstet. Das in *Hansa* umbenannte Schiff erhält ebenfalls Verstärkungen des Schiffskörpers, eine vor Eis schützende Außenhautbeplankung sowie veränderte Wohnunterkünfte. Mit zur Ausrüstung gehören drei Beiboote von einer Länge bis zu etwa 7 Metern.

Erstmals werden auf dieser deutschen Expedition Wissenschaftler teilnehmen: Auf der *Germania* fahren 13 Mann seemännisches Personal und zusätzlich vier Wissenschaftler, auf der *Hansa* befinden sich 12 Seeleute und zwei Forscher.

Noch bevor es zur Abfahrt der Schiffe kommt, lässt sich die unterschiedliche Auffassung von dem Initiator Petermann und dem Kapitän - und damit des für die Sicherheit der Expeditionsteilnehmer Verantwortlichen - erkennen. Während Koldewey bei schlechten Eisverhältnissen nach Spitzbergen ausweichen möchte, ist Petermann der Auffassung, dass Menschenleben und Schiffe bedingungslos der „großen Sache“ ausgesetzt werden könnten. Insgesamt sind die zu hoch angesetzten Vorgaben Petermanns nicht realisierbar, und Kapitän Koldewey fühlt sich mehr seinen Expeditionsteilnehmern als dem Initiator verantwortlich.

Die zweite deutsche Nordpolar-Expedition beginnt mit dem Auslaufen der *Germania* und dem größeren Begleitschiff *Hansa* aus Bremerhaven am 15. Juni 1869. Welche Bedeutung diese Expedition für Preußen hat, wird durch die Verabschiedung der

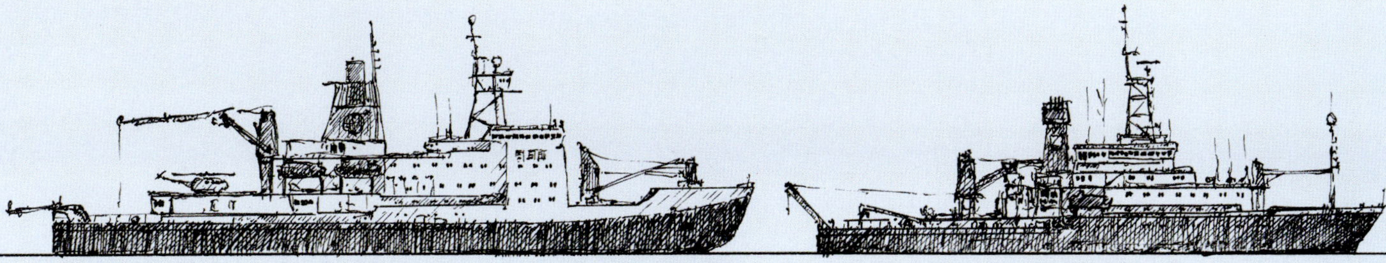

Polarstern
Baujahr 1982

Meteor (III)
Baujahr 1986

Schiffe durch den preußischen König Wilhelm und den Ministerpräsidenten Bismarck dokumentiert.

Bereits Mitte Juli wird die Eisgrenze erreicht. Dabei verlieren sich *Germania* und *Hansa* durch die Fehlinterpretation von Flaggensignalen: Die *Hansa* sollte an die *Germania* heranfahren, damit sich die Kapitäne Koldewey und Hegemann beraten können. Stattdessen wurden auf der *Hansa* weitere Segel gesetzt, und die Schiffe

verloren sich bei schlechter Sicht. Von nun an operieren die beiden Expeditionsschiffe getrennt voneinander. Während der Dampfer *GERMANIA* besser im Eis manövrieren kann, gerät die Schonerbrigg *HANSA* immer weiter in Treibeisfelder. Anfang September ist sie im Eis vor der grönländischen Küste eingeschlossen. Kapitän Hegemann lässt, da er den Verlust seines Schiffes durch den höher werdenden Eisdruck befürchtet, eine Behausung aus Schnee und Ausrüstungsteilen auf der Eisscholle errichten. Die mitgeführten Beiboote werden ausgerüstet und in der Nähe des Hauses aufgestellt. Schließlich wird die *HANSA* im Laufe eines Sturmes und der damit verursachten Eisverschiebungen so stark beschädigt, daß sie am 21. Oktober 1869 nur wenige Meilen vor der Küste verloren geht. Von nun an treiben die Expeditionsteilnehmer ohne Schiff weiter im Ostgrönlandstrom auf ihrer Eisscholle. Schließlich wird im Januar 1870 auch noch das *„Hansa-Haus"* in Folge von Eisbewegungen nach schweren Stürmen zerstört. Aus den Resten wird eine neue Notunterkunft errichtet, die den Männern wenigstens etwas Schutz in der unwirtlichen, dunklen Umgebung bietet. Im Mai wird freies Wasser gesichtet. Die Eisscholle wird verlassen, und die Besatzung beginnt die erschöpfende und kräftezehrende Weiterreise in ihren Booten. Tagelang rudernd, segelnd und die Boote über Eisflächen schiebend, erreicht man die Südküste Grönlands und schließlich die Missionsstation Friedrichsthal. Von einem Schiff aufgenommen, endet diese für die Besatzung bedrohliche Reise am 3. September 1870 mit der Rückkehr in Deutschland. Die gute Vorbereitung, Ausrüstung des Schiffes mit großen Beibooten und die richtigen Entscheidungen des Kapitäns führten - trotz aller lebensbedrohlichen Umstände - doch noch zu einem glücklichen Ausgang.

Die *GERMANIA* erreicht im August 1869 die Küste Grönlands und auf 75° 30,5' N 017° 30,0' W ihre nördlichste Position. Vom Schiff aus werden geologische Exkursionen zur Erkundung Grönlands unternommen.

Am 13. September erreicht die *GERMANIA* in einer Bucht von Sabine-Island ihren Winterhafen. Das Schiff wird für das Einfrieren während der Überwinterung vorbereitet. Dafür wird es eingezeltet und durch einen Schutzwall aus übereinandergeschichteten Eisstücken vor den eisigen Winterstürmen geschützt. Im Winterhafen bleibt die *GERMANIA* bis zum 22. Juli 1870. Diese 300-tägige Liegezeit wird - soweit es die Wetterlage erlaubt - für wissenschaftliche Beobachtungen genutzt. Es werden in Eisspalten netzartige Dredgen über den Meeresgrund gezogen und damit Erkenntnisse über die Organismen der grönländischen Küstengewässer gewonnen. Vom 24. März bis 27. April 1870 unternehmen Kapitän Koldewey, der österreichische Oberstleut-

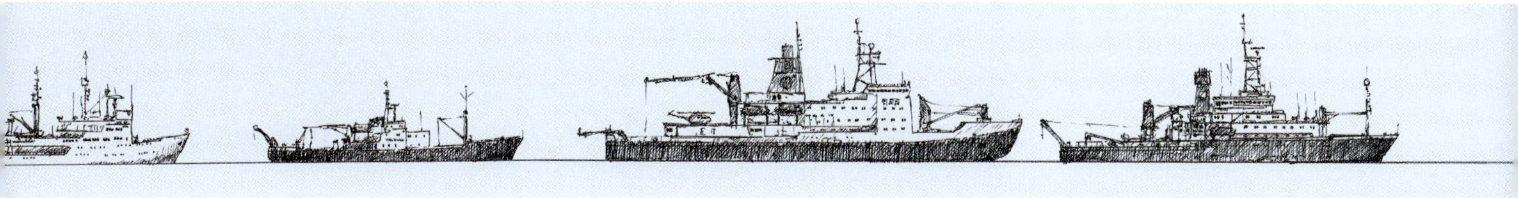

nant Payer und sechs Männer der *GERMANIA* eine Schlittenreise entlang der Küste bis 77 Grad Nord.

Nach Verlassen des Winterhafens versucht Koldewey erneut, mit nördlichen Kursen in unbekanntes Gebiet vorzudringen. Die Eissituation lässt dies wiederum nicht zu, sodass nun die Erkundung in den südlicheren Abschnitten der Küste Grönlands erfolgt. Dort wird der Kaiser-Franz-Josef-Fjord entdeckt und erkundet. Am 13. August 1870 wird die Heimreise angetreten. Kurz darauf fällt der Kessel irreparabel aus, aber starke, günstige Winde erlauben, daß die *GERMANIA* in freies Wasser segeln kann.

Am 10. September erreicht Koldewey mit seiner Mannschaft die Deutsche Bucht. Nach 15-monatiger Abwesenheit und ohne jede Kommunikation mit der Heimat werden die Männer jäh mit Neuigkeiten konfrontiert: Preußen führt mit seinen Verbündeten Krieg gegen Frankreich. Koldewey muss vor dem Einlaufen am 11. September sogar noch die französische Blockade durchbrechen. In Bremerhaven erfährt er auch vom Schicksal seiner Expeditionsteilnehmer der *HANSA*, die zur Begrüßung an

Die *GAUSS* zwischen Schollen treibend, Antarktis, 1903

Bord kommen. Damit findet die zweite deutsche Nordpolar-Expedition ein glückliches Ende.

Die wissenschaftlichen Erkenntnisse werden als beachtlich beurteilt, auch wenn Petermann dieses nicht zugeben möchte und zu schmälern versucht. Die Auswertung der Daten erfolgt durch den Verein für die deutsche Polarfahrt.

Unter Beteiligung Deutschlands werden während des Internationalen Polarjahres 1882/1883 13 Forschungsstationen in arktischen und zwei Stationen in antarktischen Breiten errichtet. Die Betreuung der Stationen obliegt den Mitgliedsstaaten. Deutschland errichtet das Observatorium auf Südgeorgien, einer Insel im Südpolarmeer. Expeditionsleiter ist der Mitarbeiter der Hamburger Sternwarte Dr. Carl Schrader. Die Ausrüstung und die Expeditionsteilnehmer werden von der Korvette SMS *MOLTKE* von Montevideo nach Südgeorgien gebracht. Die Station dient der Datensammlung von August 1882 bis September 1883.

Pläne, die Antarktis näher zu bereisen und zu erforschen, finden anfangs wenig Resonanz. Erst zum Ende

Die *GAUSS* nach der Antarktisexpedition 1903 in Ponta Delgada

des 19. Jahrhunderts wird das Interesse an einer Antarktis-Expedition größer, und Kaiser Wilhelm II. kann zur Schirmherrschaft und damit auch zur Bewilligung finanzieller Unterstützung bewogen werden.

Ende 1899 wird die Werft Howaldt in Kiel beauftragt, ein antarktistaugliches Forschungsschiff zu bauen. Man entscheidet sich für eine Schonerbark mit Hilfsantrieb. In die Planung des Rumpfes gehen die Erfahrungen der Arktis-Reisen und der bewährten Konstruktionen der *GRÖNLAND* und vor allem der *GERMANIA* aber auch der *FRAM* des Norwegers Frithjof Nansen ein:
Wegen der durchzuführenden erdmagnetischen Messungen und zwecks der größeren Elastizität im Eis wird der Schiffsrumpf wieder aus Holz gebaut. Für Spanten, Steven, Kiel und viele Stützen im Innern des Schiffskörpers verwendet man Eichenholz, die Außenhaut besteht aus Pitchpine. *GAUSS,* wie das neue Schiff genannt wird, erhält eine zusätzliche Eishaut: eine zusätzliche Beplankung aus Greenheartholz von sehr großer Härte. Besonders belastete Abschnitte wie Bug und Heck werden zusätzlich durch Stahlplatten verstärkt.

Die Dreifach-Expansionsdampfmaschine mit einer Leistung von 325 PS treibt den Propeller an.

Dieser kann – wie auch das Ruderblatt – zum Schutz vor Beschädigung durch einen Schacht an Deck gehievt werden.

Das Schiff selbst wird für eine bis zu dreijährige Reisedauer ausgerüstet. Dazu gehören neben entsprechenden Räumen für Ausrüstung, Proviant und wissenschaftlichen Geräten auch geeignete Unterbringungsmöglichkeiten für Besatzung und Wissenschaftler. Kapitän und wissenschaftlicher Fahrtleiter erhalten größere, Wissenschaftler und Offiziere kleinere, praktisch eingerichtete Einzelkammern. Maschinenpersonal und Decksmannschaft müssen sich jeweils ein Logis für sechs beziehungsweise zehn Männer teilen. Ein Frischwassererzeuger kann pro Tag eine Tonne Trinkwasser erzeugen.

GAUSS
Länge zwischen den Loten 46 m,
Breite 11,3 m,
Verdrängung 1442 t.

Als die *GAUSS* am 11. August 1901 in Kiel die deutsche Südpolar-Expedition beginnt, sind insgesamt 32 Männer an Bord. Kapitän ist Hans Ruser, Expeditionsleiter der Geograph Erich von Drygalski. Ihm stehen noch vier weitere Wissenschaftler zur Seite.

Aufgrund der Erfahrungen in Bezug auf das Verhältnis zwischen dem Kapitän hinsichtlich einer sicheren und guten nautischen Führung einerseits und dem Erkundungsdrang seitens des Fahrtleiters andererseits hatte von Drygalski eine Geheimorder in der Tasche: Sie hätte ihn bemächtigt, Ruser dann seines Amtes zu enthe-

ben, wenn der nervliche Zustand des Kapitäns die Fortführung der Expedition in Frage stellen würde.

Anfang Februar des Jahres 1902 werden erste Eisberge gesichtet. Bald darauf wird das Schiff nach Wetterverschlechterung im Eis eingeschlossen. Auch Versuche, die *GAUSS* freizusprengen scheitern. Die *GAUSS* und ihre Besatzung sind bis März 1903 fest vom Eis umschlossen: Zeit und Gelegenheit, umfangreiche wissenschaftliche Untersuchungen durchzuführen. Durch in das Eis gesägte Löcher werden Netzzüge unternommen. Planktonproben, Fische und andere Lebewesen werden gesammelt und bestimmt. Magnetische Messungen werden nicht nur an Bord des Schiffes, sondern auch von einfachen Beobachtungsstationen vorgenommen. Ferner werden Wetterbeobachtungen, Messungen des Eises, dessen Wachstums und Bewegung sowie kontinuierliche Seewasseruntersuchungen durchgeführt. Luftmessungen erfolgen mittels Fesselballons und verschiedenen mitgeführten Messgeräten. Der wasserstoffgefüllte Ballon erlaubt sogar die Mitreise eines Wissenschaftlers zur Durchführung der Beobachtungen in einer Höhe von bis zu 500 Metern. Gesichert vor dem Abtreiben in die endlose Weite der Antarktis werden „Besatzung" und Ballon durch die Verbindungsleine zur Ballonwinde, die auf dem Eis verankert ist. Schlittenexkursionen in die nähere und weitere Umgebung dienen der geographischen Erkundung.

Mithilfe einer List kommt die *GAUSS* im Februar 1903 langsam frei:
Man hatte die von der Feuerung angefallene Asche auf dem Eis in Richtung des offenen Wassers ausgebreitet. Durch die absorbierten Sonnenstrahlen wurde ein schmaler Kanal in das Eis geschmolzen durch den sich Kapitän Ruser langsam und vorsichtig zur offenen See manövrieren konnte. Anschließende Versuche, weiter in den Süden vorzudringen, schlagen fehl, und schließlich wird die Antarktis Richtung Durban in Südafrika verlassen. Als das Schiff dort ankommt, erhält man auf Anfrage die Anweisung aus Berlin, nach Deutschland zurückzukehren. Die Expedition endet schließlich Ende November des Jahres 1903 in Kiel. Die Auswertung der gesammelten umfangreichen Daten und Proben wird bis 1931 dauern. Für die Bevölkerung und damit auch die verantwortlichen Politiker fehlen allerdings publikumswirksame Ereignisse – zum Beispiel der Marsch zum Südpol oder ähnliche Sensationen.

Obgleich der antarktische Kontinent weiterhin nahezu unerforscht ist, erlischt das deutsche Interesse an weiteren Expeditionen vorläufig.

Es wird noch bis zum Jahre 1911 dauern, bis in einer weiteren Expedition die Antarktis bereist werden kann. Zum damaligen Zeitpunkt ist das Innere der Antarktis völlig unbekannt. Lediglich einige Küstenab-

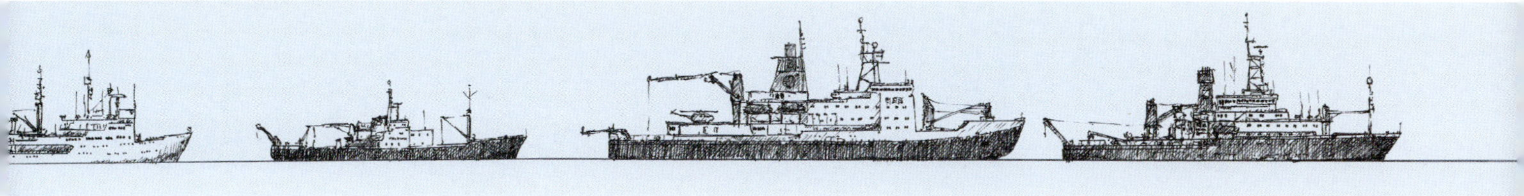

schnitte wurden auf bisherigen Expeditionen gesichtet. Wilhelm Filchner möchte bei einer Forschungsreise erkunden, ob diese bisher bekannten Landmassen – West-Antarktika und Ost-Antarktika – miteinander zusammenhängen oder sich ein eisbedeckter Sund zwischen ihnen befindet. Zu diesem Zweck sollte die Antarktis nach Möglichkeit bei gleichzeitigem Einsatz zweier Teilexpeditionen durchquert werden.

Für seine Reise kauft Filchner in Norwegen das 1905 gebaute Schiff *BJØRN*. Es wird nach ersten Umbauarbeiten an Rumpf und Aufbauten zu Blohm & Voss nach Hamburg überführt. Dort erhält es zum Teil neue maschinentechnische Einrichtungen. Außerdem wird die Dampfmaschine für eine Leistung von 300 PS umgerüstet. Wie auch die bereits erwähnten eistauglichen Forschungsschiffe erhält das Schiff im Innern des Rump-

fes massive Verstärkungen, einen den Aufgaben entsprechenden Aufbau für Unterkünfte und Arbeitsräume sowie eine neue Kommandobrücke. Auch eine in einen Schacht hochziehbare Schiffsschraube wird installiert. Das Schiff erhält den Namen *DEUTSCHLAND*.

DEUTSCHLAND
Barkgetakelter Motorsegler
Länge in der Wasserlinie 44,2 m,
Breite 9 m,
Raumgehalt 598 BRT,
Geschwindigkeit mit Maschine
7,2 kn und etwa 10 kn
unter Segel.

Die zweite deutsche Antarktisexpedition beginnt am 4. Mai 1911 mit dem Auslaufen in Bremerhaven. Unter Kapitän Richard Vahsel, der bereits während der *GAUSS*-Expedition als 2. nautischer Offizier die Antarktis befuhr, sind 25 Besatzungsmitglieder an Bord. Den ersten Fahrtabschnitt bis Buenos Aires leitet der stellvertretende Expeditionsleiter Dr. Seelheim. Ferner sind sieben Wissenschaftler an Bord. Nachdem es bereits vor dem Verlassen Deutschlands Querelen zwischen Filchner und Vahsel gegeben hat, kommt es während dieses ersten Fahrtabschnitts zum Streit zwischen dem Kapitän und Seelheim. Kapitän Vahsel will abmustern, doch schließlich verlässt Seelheim das Schiff. Die Fahrtleitung wird von Filchner übernommen.

Die *DEUTSCHLAND* verläßt nach Übernahme weiterer Ausrüstung für die Expedition Buenos Aires und erreicht am 14. Dezember 1911 Treibeis auf einer geographischen Breite von 57,5 Grad Süd. Man kann es an Bord der *DEUTSCHLAND* noch nicht einmal erahnen: Zur gleichen Zeit erreicht der Norweger Amundsen mit seiner Teilexpedition den Südpol!

Filchner wird seine Pläne, in das Inlandeis vorzustoßen, nicht erfüllen können. Er entdeckt den Küstenstrich des „Prinzregent-Luitpold-Landes", sowie das Filchner-Schelfeis-Gebiet. Tiefenlotungen lassen vermuten, dass es keinen Sund zwischen dem Wedellmeer und dem Rossmeer gibt. Man versucht den Aufbau einer Station auf einem Eisberg, und schließlich friert das Schiff Anfang März des Jahres 1912 ein. Während die *DEUTSCHLAND* gefangen im Eis mit etwa 8,5 Seemeilen am Tag durch das Wedellmeer driftet, können die Wissenschaftler unterschiedliches Probenmaterial sammeln und Messungen vornehmen. Die Stimmung an Bord ist schlecht. Die Unzufriedenheit darüber, das Programm nicht den ursprünglichen Plänen entsprechend durchzuführen, und die Meinungsverschiedenheiten, insbesondere zwischen Filchner und dem Kapitän führen zum regelrechten Polarkoller.

Am 8. August 1912 verstirbt Kapitän Vahsel nach längerer Krankheit. Er wird in der Nähe der *DEUTSCHLAND* im Eis beigesetzt. Der Erste Offizier

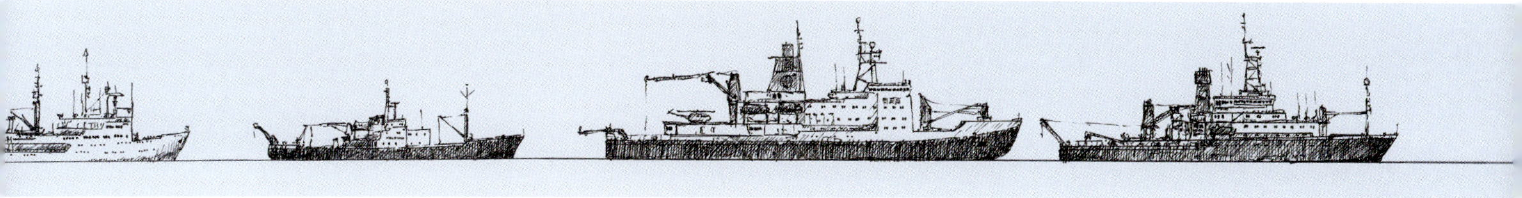

Lorenzen wird das Schiff zuerst als Kapitän weiterführen, später auf der Rückreise wird Kling das Kommando übernehmen. Im November beginnt das Eis zu schmelzen. Mit Hilfe von Sprengungen und der eigenen Maschinenkraft kann die *DEUTSCHLAND* am 26. August endlich befreit werden. Nach einem Abstecher in Südgeorgien wird schließlich die Heimreise angetreten. Die Hoffnung vieler Teilnehmer, eine weitere Expedition durchführen zu können, zerschlägt sich, da keine weiteren finanziellen Mittel bereitgestellt werden.

Der Erste Weltkrieg setzt weiteren Forschungsaktivitäten im Bereich der Arktis und Antarktis ein vorläufiges Ende. Erst zu Beginn der zwanziger Jahre werden neue Expeditionen geplant: Es existiert noch die als Auslandskanonenboot und Vermessungsschiff geplante, aber nicht fertiggestellte *METEOR*. Bereits 1920 wurde der Weiterbau als Vermessungsschiff von den Siegermächten genehmigt. Alfred Merz ist der Initiator der großen atlantischen Expedition, die mit der *METEOR* von 1925 bis 1927 durchgeführt wird. Das Schiff wird

Oktopus an Deck
des Forschungsschiffes
POLARSTERN

speziell für lange Forschungsreisen ausgerüstet und bietet den Wissenschaftlern aller Disziplinen hervorragende Arbeitsmöglichkeiten. Ebenso wie das Schiff ist auch die Besatzung der Marine zugehörig.

METEOR (I)
Länge über Alles 71,2 m,
Breite 10,9 m,
Verdrängung 1179 t,
Maschinenleistung 650 PS

Die mehrjährige atlantische Expedition führt das Schiff im Rahmen des Vermessungsprofils V bis auf 63,5 Grad südlicher Breite zur Eisgrenze. Ein Vorstoß weiter in die antarktischen Gewässer oder gar eine Überwinterung ist von vornherein nicht geplant. Das Schiff ist für diesen Zweck auch weder ausgerüstet noch entsprechend verstärkt.

In den dreißiger Jahren folgen noch weitere Expeditionen in die arktischen Gewässer vor Grönland.

Die weitere Erforschung der Antarktis wird 1938 mit der *SCHWABENLAND*-Expedition vorangetrieben. Mit den mitgeführten Flugbooten ist es

Die *METEOR (I)* in einem Fjord

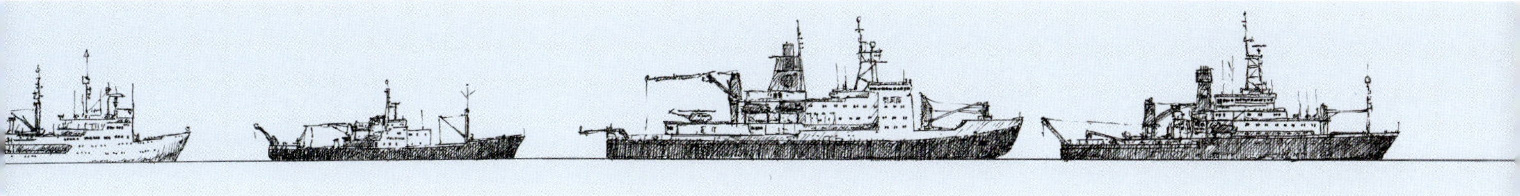

möglich große Teile des antarktischen Kontinents aus der Luft zu erkunden, auch wenn vereiste Gewässer mit dem Schiff nicht zu befahren sind. Auch von dem seinerzeit vom Frachtschiff zum Flugzeugstützpunkt der Deutschen Lufthansa umgebauten Mutterschiff der Expedition werden zahlreiche ozeanographische und biologische Daten gesammelt. Ferner werden meteorologische Messungen und regelmäßige Echolotungen durchgeführt.

Der Zweite Weltkrieg und die entbehrungsreiche Zeit nach 1945 lässt eine Arktis- und Antarktisforschung nicht zu. Erst im Jahre 1962 wird der Bauauftrag einer neuen *METEOR* an die Bremerhavener Seebeckwerft vergeben. Dieses multidisziplinäre Schiff wird weltweit richtungsweisend sein: ausgestattet mit Aussetzvorrichtungen für Geräte aller Art, Kabeln und Drähten zur Probennahme bei größten Wassertiefen, gut ausgestattete Labor- und Wohnräume und ein relativ geschütztes Arbeitsdeck.

Die Reisen führen – obwohl in erster Linie für Projekte im Nordostatlantik gebaut – auch in die Arktis nördlich Spitzbergens und in den Südatlantik zur Antarktis.

Waren es früher Entdeckungsfahrten in unbekannte Gewässer oder an die Küsten unerforschter Landstriche, so werden jetzt Reisen unternommen, die der Grundlagenforschung dienen. Es geht um das Verstehen komplexer Zusammenhänge und die Erweiterung des Wissens über die Meere, den Meeresboden, die Atmosphäre und deren Entstehung, Veränderung und Entwicklung.

METEOR (II)
Länge über Alles 82,1 m,
Breite 13,5 m,
Verdrängung 3054 t,
2 Fahrmotoren mit jeweils 1000 PS,
Besatzung 52 Personen und
zusätzlich 24 Wissenschaftler.

1975 und auch 1977 unternimmt das Fischereiforschungsschiff *WALTER HERWIG* Reisen in die Antarktis: Man ist dem Krill – jenem garnelenartigen Krebstierchen, das Grundnahrungsmittel von Walen, Pelzrobben und See-Elefanten ist – auf der Spur.

Die geophysikalischen Erkundungen der Bundesanstalt für Geowissenschaften und Rohstoffe beginnt mit der *EXPLORA* 1977 im östlichen Wedellmeer.

1978 beschließt die Bundesregierung den Beitritt zum Antarktisvertrag. Zur Aufnahme in die Konsultativrunde wird es erforderlich, sich für ein dauerhaftes wissenschaftliches Engagement zu verpflichten. Neben dem Aufbau von Forschungsstationen in der Antarktis und der Gründung eines entsprechenden Polarforschungsinstituts wird auch der Bau eines leistungsfähigen Polarforschungsschiffes erforderlich. Dieses Schiff soll auch die Versorgungsfahr-

ten der deutschen Station sicherstellen.

Im Januar 1980 wird die erste deutsche Station auf dem antarktischen Kontinent errichtet. Die *Lillie-Marleen-Hütte* wird im Rahmen der Expedition mit dem gecharterten und entsprechend umgerüsteten Bohrinselversorger MS *SCHEPELSTURM* aufgebaut. MS *SCHEPELSTURM* wird von der Bremer DDG Hansa betrieben, besitzt eine hervorragende Eisverstärkung und einen Eisbrechersteven, mit dem in Kombination mit einer Maschinenleistung von 9500 PS das Befahren von Eisgewässern möglich ist. Zur Ausrüstung gehört auch ein Bordhubschrauber.

Der Aufbau der *Georg-von-Neumayer-Station* wird im Dezember 1980 mit dem eisgängigen deutschen Frachtschiff *GOTLAND II*, dem Bergungsschlepper *TITAN* der Hamburger Bugsier-Reederei und dem norwe-

POLARSTERN in der Antarktis

gischen Versorgungsschiff *POLARSIRKEL* durchgeführt. Etwa tausend Tonnen Material werden verbaut, um den wissenschaftlichen Teams ein „Zuhause“ zur Verfügung zu stellen.

Bei einer Folgeexpedition muß die deutsche Polarforschung einen erneuten Schiffsverlust hinnehmen. Das MS *GOTLAND II* des Schulauer Schiffahrtskontors in Wedel sinkt nach Eispressung auf Position 70° 21‘ Süd und 167° 30‘ Ost in der Nacht vom 18. auf 19. Dezember 1981. Weder Wissenschaftler noch Besatzungsmitglieder kommen zu Schaden, sie werden mit Hubschraubern zu antarktischen Stationen geflogen. In einer späteren Seeamtsverhandlung wird festgestellt, dass MS *GOTLAND II* nicht hinreichend geeignet war für Einsätze unter diesen besonders schwierigen Eisbedingungen.

Das FS *POLARSTERN* wird im Dezember 1982 in Dienst gestellt. Erstmals verfügt die deutsche Polarforschung über ein Forschungsschiff, das auch in relativ unzugängliche Gebiete vordringen kann. Nach umfangreichen Versuchen mit Modellen in einem Eistank ist der Rumpf als Eisbrecher konzipiert worden.

POLARSTERN
Länge über Alles 118 m,
Breite 25 m,
Tiefgang 11,2 m,
Verdrängung max. 17.300 t,
Motorleistung 20.000 PS,
Unterkünfte für 124 Personen.

Während des Nordsommers erfolgt der Einsatz zumeist in arktischen Gewässern, im Südsommer in der Antarktis. Dabei wird auch regelmäßig die *Georg-von-Neumayer-Station* versorgt und die Überwinterungsbesatzung ausgetauscht.

Am 7. September 1991 erreicht FS *POLARSTERN* während einer gemeinsamen Reise mit dem schwedischen Eisbrecher *ODEN* den geographischen Nordpol.

Neben dem FS *POLARSTERN* wird auch das 1986 in Dienst gestellte dritte Forschungsschiff mit dem Traditionsnamen FS *METEOR* unter anderem für Einsätze in der Arktis und Antarktis genutzt.

35 Meteor(III) im Dock

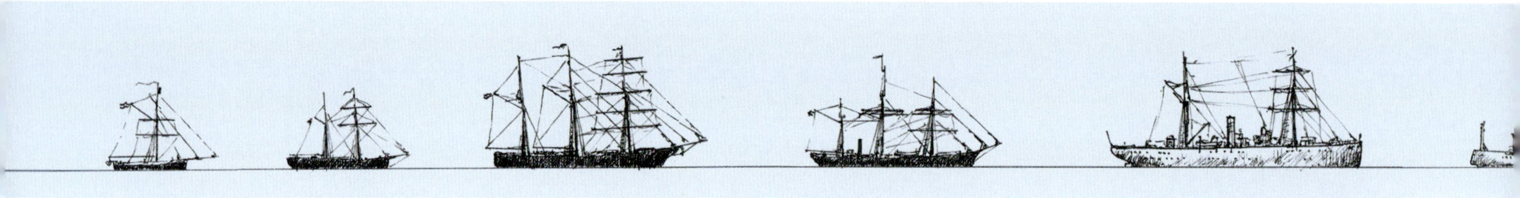

METEOR (III)
einlaufend in Tromsø

METEOR (III)
Länge über Alles 97,5 Meter,
Breite 16,5 Meter,
Verdrängung 4780 Tonnen,
Fahrmotorenleistung 2300 kW,
33 Personen Besatzung und
30 Wissenschaftler

Da das FS *METEOR* nicht über umfangreichere Eisverstärkungen für das Fahren in arktischen Eisgewässern verfügt, wird es nur in eisfreien Gewässern eingesetzt. Im Winter 1988 wird eine Arktisreise zwischen Grönland und Spitzbergen unternommen; dabei wird mit einem West-Ost-Profil auf 77° 45‘ Nord eine recht beachtliche Nordbreite erreicht, und es werden umfangreiche Probenahmen für ozeanographische und planktologische Untersuchungen in winterlicher Dunkelheit ermöglicht.

Erwähnt werden soll auch das FS *VALDIVIA*, das in den letzten Betriebsjahren bis zur Außerdienststellung im Juli 1999 häufige Arktis-Expeditionen unternimmt. 1961 unter dem Namen *VIKINGBANK* als Heckfänger in Dienst gestellt, erfolgt 1970 der Umbau zum Rohstoff-Forschungsschiff nach Ankauf durch Tochtergesellschaften der Preussag AG und der Metallgesell-

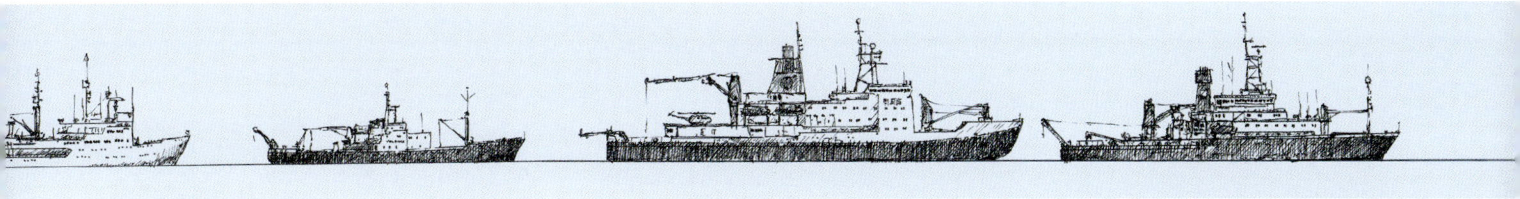

Begenung von *Polarstern* und *Meteor (III)* bei atlantischer Dünung

Die *Valdivia*

schaft AG. 1982 erfolgt der Verkauf an die Freie und Hansestadt Hamburg und FS *Valdivia* wird als Mehrzweckforschungsschiff von der Hamburger Universität genutzt.

Valdivia
Länge über alles 73,9 m,
Breite 11 m,
Hauptmaschinenleistung 1588 kW,
Besatzung 20,
Wissenschaftler 16 Personen.

Das Schiff ist nicht speziell für Fahrten in stark vereisten Gewässern ausgerüstet.

POLARSTERN

Polarforschungs- und Versorgungsschiff

Wir befinden uns unten in einem seinerzeit für die größten Passagierliner gebauten Trockendock der Bremerhavener Lloydwerft.

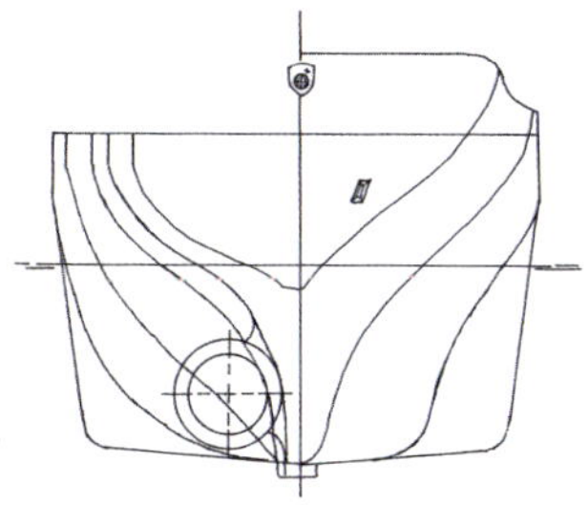

Über uns erhebt sich das Polarforschungs- und Versorgungsschiff *POLARSTERN* in seiner ganzen Größe. Bei dieser Perspektive wird das 118 Meter lange Schiff noch imposanter, denn so erkennt man auch das Unterwasserschiff mit seinen fast elf Metern Tiefgang.

Der merkwürdig geschwungene Vorsteven ist das Ergebnis langwieriger Modellversuche in einem Eistank der Hamburger Schiffbau-Versuchsanstalt während der Planungsphase. Auffällig sind auch die um etwa acht Grad zur Vertikalen geneigten Seitenwände und der sich damit zum Kiel verjüngende Schiffsrumpf im Mittschiffsbereich. Dadurch werden bei seitlicher Pressung im Eis die Kräfte des Eises auf den Schiffsrumpf minimiert.

Die Konstruktion des Rumpfes erlaubt das stetige Brechen von einem Meter dicken Eis bei fünf Knoten Fahrt sowie von mindestens zwei Meter starkem Festeis durch Rammen. Ferner ist die Festigkeit darauf abgestimmt, dass ein Einfrieren und Überwintern des Schiffes möglich ist.

Im vorderen und mittleren Bereich, knapp unterhalb der Wasserlinie befinden sich Luft-Wasser-Strahldüsen zur Verringerung des Reibungswiderstandes beim Eisbrechen.

Während des Gangs von vorne nach achtern durch das Dock passieren wir hinter dem Eisbrechersteven die Öffnung des Bugstrahlruders, man erkennt die Schlingerkiele, kommt etwa in Höhe des Hauptspants an den beiderseits des Rumpfes in Taschen eingefahrenen Flossen der Flossenstabilisatoren-Anlage vorbei. Diese Flossen gewährleisten auch noch bei schwerer See günstige Arbeitsbedingungen. Während der Probenentnahmen bei gestopptem Schiff sorgt eine Intering-Rolldämpfungsanlage für ein ruhiges Schiff. Dabei handelt es sich um ein pneumatisch gesteuertes System, das die Bewegung des Wassers in den miteinander verbundenen Schlingertanks der Rollbewegung von *POLARSTERN* entgegensetzen. Diese Anlage lässt sich im Eisbrechbetrieb auch zum Freischaukeln beim Festgeraten des Schiffes umschalten.

Weiter hinten - das rot-braune Unterwasserschiff verjüngt sich bereits wieder - befindet sich der Tunnel des Heckstrahlruders. Hier sind auch die beiden Schiffsschrauben, die in festen Kortdüsen laufen und einen Durchmesser von 4,2 Metern haben, angeordnet. Ganz achtern befindet sich das große Ruderblatt.

Mit den beiden Verstellpropellern, dem Ruder und den vorn und hinten installierten Querstrahlern kann das Schiff von der Brücke feinfühlig manövriert werden.

Arbeitsdeck *POLARSTERN* bei nächtlicher Stationsarbeit

Wie in jedem Jahr wird auch diese mehrwöchige Werftliegezeit und Dockung genutzt, Wartungs-, Reparatur- und Farbarbeiten durchzuführen. Überall sind Arbeiter damit beschäftigt, das Schiff mit abriebfesten, für die Eisfahrt geeigneten Farben zu konservieren. Kontrollen werden am Ruder und den Wellenanlagen durchgeführt. An anderen Stellen werden Umbauarbeiten vorgenommen: Modernisierungen, die erforderlich sind, um das Schiff dem Stand der Technik anzupassen und den wachsenden Anforderungen seitens der Wissenschaftler gerecht zu werden. Auch wenn sich bereits das zweite Jahrzehnt erfolgreicher Forschungsreisen dem Ende nähert, ist *POLARSTERN* ein hochmodernes, vertrauenswürdiges und leistungsfähiges Schiff.

Treppauf geht es auf die Höhe des normalen Werftgeländes, und schließlich gelangt man über die Gangway auf das Schiff. Auf dem Hauptdeck achtern und steuerbords liegt das Arbeitsdeck. Hier befinden sich Kräne und Aussetzvorrichtungen, Winden für Drähte und Kabel sowie die Fischereiausrüstung. Achtern ist eine zur Wasseroberfläche geneigte Heckschleppe installiert. Sie ist Voraussetzung für Fischerei und auch für das Aussetzen und Anbordnehmen empfindlicher Systeme mithilfe des Heckgalgens, die Aufschluss über den Meeresboden geben sollen.

Begibt man sich in das Innere des Schiffes, erreicht man zuerst den Labortrakt. Hier befinden sich vor allem die Arbeitsräume der wissenschaftlichen Fahrtteilnehmer, die gesammelte Proben bearbeiten, Daten auswerten oder Geräte für die nächste Probenentnahme vorbereiten. Zum Teil werden auch Versuche begonnen, die dann später im heimischen Institut fortgesetzt werden.

Der passagierschiffsähnliche Aufbau beherbergt alle weiteren Betriebsräume wie Kombüse, Messen, Aufenthaltsräume, Bibliothek, Bar, Innenschwimmbad, Sauna, Konferenzraum, Hospital und natürlich die Kammern der Wissenschaftler und der Besatzung. Alle Personen sind in Einzel- oder Doppelkammern mit eigener Nasszelle untergebracht.

Ganz oben befindet sich die Brücke. Moderne Anlagen wie Radar, Lotanzeigen, Systeme zur Durchführung einer präzisen Navigation, der Kommunikation und zur Überwachung des Schiffsbetriebes gewährleisten eine sichere Schiffsführung. Integriert ist auch ein kleiner „Tower" zur Flugsicherung der beiden mitgeführten Bordhubschrauber. Sie selbst befinden sich in einem Hangar über

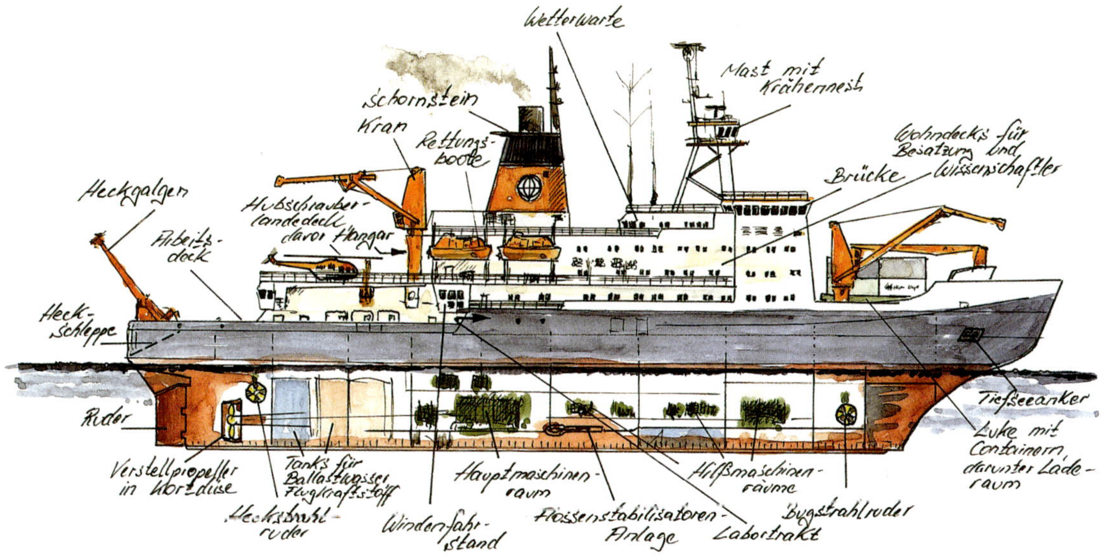

dem Arbeitsdeck zwischen dem Landedeck und dem Schornstein.

Hinter der Brücke liegen die Funkstation und die Wetterwarte, die von zwei Mitarbeitern des Deutschen Wetterdienstes betreut wird. Darüber, im Hauptmast, ist das Krähennest für den Eisausguck.

Natürlich gehört zu einer Kleinstadt wie dieser kleinen schwimmenden, wissenschaftlich-technisch geprägten Welt auch die Versorgung mit Strom, Wasser und vor allem der Antrieb.

Unten, im Bauch des Stahlkolosses, befindet sich die Maschinenanlage. Herzstück sind die vier jeweils 3530 kW leistenden Dieselmotoren, die jeweils zu zweit über ein Getriebe mit schaltbaren Kupplungen auf eine der beiden Verstellpropelleranlagen arbeiten. Elektrischer Strom für die unzähligen Verbraucher vom Bugstrahlruder bis hin zum Computer wird durch ein System aus Wellengeneratoren und zwei zusätzlichen Dieselaggregaten mit jeweils 1290 kW je nach Bedarf erzeugt.

Wetterballonaufstieg (Radiosonde) auf dem Helikopterdeck

Der Maschinen-
kontrollraum

Ein umfangreicher Hilfsbetrieb sorgt für die Aufarbeitung des Brennstoffs, der Erzeugung von Frischwasser, Druckluft, Heizung, beinhaltet Kühlanlagen für die Kühlräume, eine Müllverbrennungsanlage und eine biologische Abwasseraufbereitungsanlage.

Zur Durchführung von Vermessungsarbeiten befinden sich unterschiedliche Systeme verschiedener Arbeitsfrequenzen an Bord. Es gibt Anlagen, deren Signal in das Sediment eindringt und am Anzeigegerät den Meeresboden wie eine aufgeschnittene Torte zeigt. Für die Erstellung von Karten existiert eine aufwendige Hydrosweep-Anlage: Beim Befahren eines Seegebietes mit 5000 Metern Wassertiefe können etwa 10 Kilometer breite Gürtel überstrichen und anschließend kartografiert werden.

Markant sind neben dem großen Schornstein, der auf orangefarbenen Grund das blaue Symbol des Bremerhavener *Alfred-Wegener-Instituts* für Polar- und Meeresforschung trägt, auch die großen Krane auf der Back und im Arbeitsdecksbereich. Auch erkennt man Luken, Laderäume und Stellplätze für Container: Neben den Aufgaben eines eisbrechenden Forschungsschiffes ist die *POLARSTERN* gleichfalls zur Versorgung der ganzjährig besetzten deutschen Forschungsstation in der Antarktis konstruiert. Während des Südsommers findet jährlich eine Versorgungsreise zur *NEUMAYER-STATION* in der Atka-Bucht statt: Es werden die Bewohner der Station ausgetauscht, Brennstoffe, Lebensmittel, Ersatzteile und wissenschaftliche Geräte angeliefert. Müll und nicht mehr

Südpolarkreistaufe

benötigtes Material werden an Bord genommen und später in Deutschland entsorgt.

An Bord befinden sich in der Regel 36 Besatzungsmitglieder, 40 Personen wissenschaftliches Personal, und zusätzlich ist noch Platz für bis zu 30 Ablöser für die antarktische Station. Im Arbeitsgebiet angekommen, werden rund um die Uhr Stationsarbeiten durchgeführt: Daten und Probenmaterial dem Meer und dem Eis entnommen, mit denen noch über Jahre zu Hause weitergearbeitet werden kann.

Neben den Routine- und Wartungsarbeiten der Besatzung und dem kontinuierlichen Forschungsbetrieb gelten gelegentliche Bordfeste und Polarkreistaufen als gesellschaftliche Höhepunkte für alle *POLARSTERN*-Fahrer.

Der erste Höhepunkt im „Leben" der *POLARSTERN* war nach der Auftragsvergabe durch den Bundesminister für Forschung und Technologie am 30. Juni 1980 an die Arbeitsgemeinschaft Howaldtswerke Deutsche Werft AG und die Werft Nobiskrug GmbH die Kiellegung am 22. September 1981 in Kiel. Aus 8000 Tonnen Schiffbaustahl wurde der Rumpf mit dem Aufbau in Kiel bei HDW gebaut. Nach der Taufe am 25. Januar 1982 durch Anna-Barbara von Bülow wurde das unfertige Schiff durch den Nord-Ostsee-Kanal nach Rendsburg geschleppt. Dort, bei der Werft Nobiskrug, erfolgte die Endausrüstung.
Am 9. Dezember 1982 wurde *POLARSTERN* übergeben und fährt seither für Wissenschaftler vieler Fachgebiete in den arktischen und antarktischen Gewässern.

POLARSTERN
Länge ü.A. 117,6 m, Breite 25 m
Tiefgang 10,5 m
Tragfähigkeit hierbei 4395 t
Geschwindigkeit 12 kn
Vermessung 12 558 BRZ

Abbildungen 1 und 2:
Einfügen der hinteren Sektionen im Kieler Baudock

Abbildung 3:
Erster Kontakt mit dem Eis. Überführung des Rohbaues von Kiel nach Rendsburg durch den winterlichen Nord-Ostsee-Kanal

Abbildung 4:
Anlässlich der Übergabe erläutert Kapitän Suhrmeier Bundesforschungsminister Riesenhuber die Brücke

FS *POLARSTERN* im Weddell-Meer

Station im ewigen Eis

Die Expedition mit dem Ziel, eine ständige deutsche Forschungsstation in der Antarktis zu errichten, setzte sich Ende 1980/81 von Südamerika aus in Bewegung. Vom Alfred-Wegener-Institut für Polar- und Meeresforschung in Bremerhaven war geplant, eine Forschungsstation im Südteil des Weddellmeeres, genauer auf dem Filchner Schelfeis, zu errichten. Aufgrund schwerer Eisverhältnisse musste das Ziel aufgegeben werden, und die Fahrt führte daher zum Alternativstandort Atka Bucht. Dort wurde die Station errichtet und erhielt den Namen Georg von Neumayer. Die Konstruktion besteht aus zwei zueinander parallel liegenden Röhren, die durch einen Tunnel miteinander verbunden sind. Die beiden Hauptröhren haben einen Durchmesser von etwa acht Metern und liegen auf einer in den Schnee gefrästen Oberfläche. In diesen Röhren wurden Container untergebracht, in denen sich unter anderem die Unterkünfte, Werkstätten und Aufenthaltsräume befinden.
An einem Ende des Röhrensystems ist die Fahrzeughalle mit einer Zufahrt untergebracht. Es wurden entsprechende Schächte konstruiert, um eine ausreichende Belüftung zu gewährleisten.

Der Schneezuwachs beträgt im Bereich der Atka Bucht etwa 40 bis 80 Zentimeter pro Jahr. Mit den Jahren wurde die Schneelast auf die Röhrenkonstruktion immer stärker. Einzelne Teile der Röhrenkonstruktion konnten dem Druck nicht mehr standhalten. So kam es dann, dass die *Georg-von-Neu-*

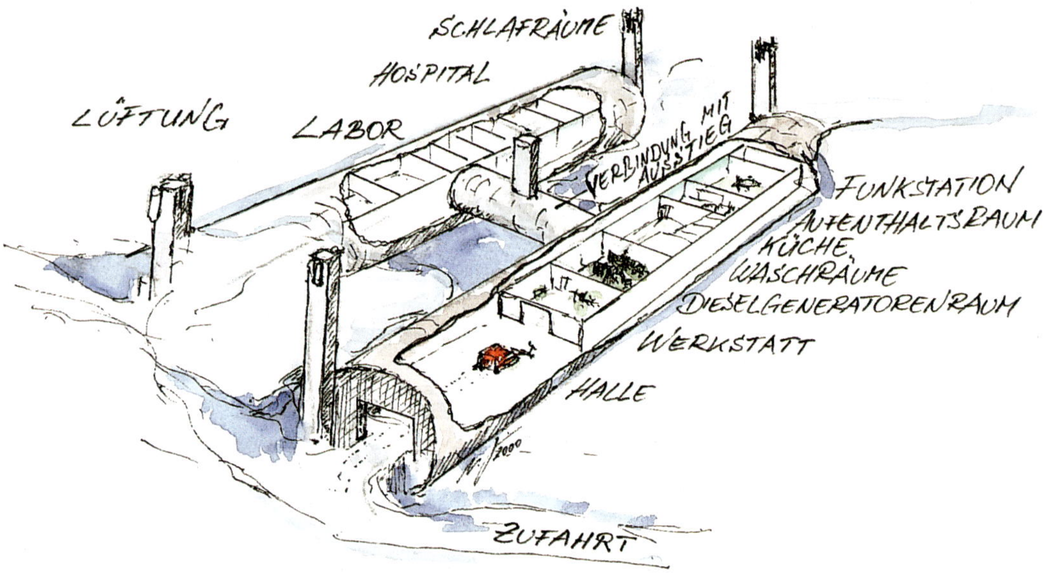

mayer-Station im Jahre 1992 durch einen Neubau ersetzt werden musste. Diese neu errichtete Station befindet sich etwa 14 km von der alten Station entfernt und heißt jetzt *Neumayer-Station*.

Doch was sind die Beweggründe, eine ständige Forschungsstation in der Antarktis zu betreiben?

Zunächst einmal ist Forschung im Bereich der Naturwissenschaften wie beispielsweise der Meteorologie, Geophysik oder der Biologie sehr schwierig, da sich viele Vorgänge meist nicht in kleinen Laboratorien untersuchen lassen. Darum sind zum Teil lang angelegte Feldversuche notwendig. Damit die Experimente möglichst wenig Störungen durch die Umgebung erfahren (Straßenverkehr, Industrie etc.), bietet sich die abgelegene Antarktis an. Beispielsweise werden an der Neumayer-Station Spurengase untersucht. Spurengase sind Bestandteile der Luft, die in einer sehr geringen Konzentration in der Atmosphäre vorkommen. Diese Spurengase wie auch das Kohlendioxid werden mit dem Treibhauseffekt in Verbindung gebracht. Verständlicherweise kann man die Konzentration in dicht besiedelten Gebieten schlecht messen, da Autoabgase oder andere nicht natürliche Produzenten das Messergebnis stören würden. Das wiederum passiert auf dem kaum besiedelten Kontinent Antarktis nur selten, so dass man sehr gute Messergebnisse erzielen kann.

An der Neumayer-Station wird auch die Ozonkonzentration gemessen. Die Ozonschicht umhüllt in einer Schicht zwischen 17 und 50 km Höhe die Erde. Sie schützt alles Leben auf der Erde vor der gefährlichen UV (ultravioletten)-Strahlung. Im Frühjahr der Südhalbkugel erreicht die Ozonkonzentration ihr Minimum. Die Ursache sind Fluorchlorkohlenwasserstoffe (FCKW), die vor allem durch die Treibgase von Spraydosen oder Kühlmedien von Klimaanlagen der Atmosphäre zugeführt werden. Die Abnahme der Ozonkonzentration führt zum Phänomen des Ozonlochs, dass erstmals 1985 beobachtet wurde. Aus die-

Laborcontainer
für Radiosondenaufstiege

sen und weiteren Messungen lassen sich auch Rückschlüsse auf Veränderungen des Klimas gewinnen.

Eine Gruppe von neun Personen lebt permanent in der Neumayer-Station in der Eiswüste Antarktis.

Wie wird eine Station im ewigen Eis versorgt?

Am Anfang eines jeden Jahres, in der Zeit des Südsommers, trifft eine neue Crew zur Überwinterung mit dem Forschungsschiff *POLARSTERN* in der Atka-Bucht ein. Dort werden sie von den Kollegen, die den vorangegangenen Winter auf der Station verbracht haben, in die Aufgaben und Tätigkeiten eingewiesen. Eine Überwinterer-Mannschaft besteht aus einem Ingenieur und einem Elektriker, die für die Versorgung der Station und deren Erhalt zuständig sind. Ein Funker ist für die Kommunikation und ein Koch für die Mahlzeiten zuständig. Außerdem gehören noch vier Wissenschaftler der Fachbereiche Geophysik, Luftchemie und Meteorologie dazu. Ein Arzt übernimmt die gesundheitliche Versorgung und leitet außerdem die Station. Während die Besetzung der ersten Gruppe eine reine Männerdomäne war, überwinterte in der Saison 1990/91 erstmals eine Frauen-Crew. Im Jahr 1997/98 wurde zum ersten Mal eine gemischte

Die *POLARSTERN* an der Schelfeiskante der Atka-Bucht

Besatzung aus Frauen und Männern zusammengestellt.

Wie hat man sich das Leben auf einer Station im ewigen Eis fernab der Zivilisation vorzustellen?

Da in den Wintermonaten keinerlei Hilfe von außen möglich ist, wurde die Station als nahezu autarkes System konstruiert. Dazu gehört eine eigene Energieversorgung mittels Dieselgeneratoren und eines Windgenerators. Dem Arzt stehen ein Behandlungs- und Operationsraum mit allen erforderlichen medizinischen Geräten für eventuelle Notfälle zur Verfügung. Neben den Unterkünften und Werkstätten gibt es noch Laboratorien für die Wissenschaftler. Jedes Wasser, sei es Trink- oder Brauchwasser, entsteht aus geschmolzenem Schnee. Dazu muss täglich

Schnee wird für die Trinkwasserversorgung gesammelt

Schneedrift

Eingang zur Fahrzeughalle des Röhrensystems

eine Person, egal bei welchem Wetter, Schnee in einen dafür vorbereiteten Behälter schaufeln. Die Abwässer werden aufgefangen und biologisch geklärt. Ohnehin wird jeglicher Abfall gesammelt und per Schiff nach Bremerhaven transportiert.

In den Anfangsjahren konnte der Kontakt zur Außenwelt nur über Kurzwelle hergestellt werden. Küstenfunkstellen wie Norddeich Radio waren in der Lage, Telefongespräche zu den Familien daheim zu vermitteln. Aber die meisten Küstenfunkstellen haben den Dienst eingestellt. Die moderne Satellitenkommunikation hat selbst in diesen Breiten nur wenig Einschränkungen. Sie bietet Telefon- und Datenleitungen, wodurch man bestens mit der Außenwelt verbunden ist.

Was fasziniert Menschen, über ein Jahr ihres Lebens im ewigen Eis zu verbringen? Welche Erlebnisse sind so eindrucksvoll, dass man auf die gewohnte Umgebung verzichten möchte?

Heidi Schmid hat als Meteorologin an der Überwinterung 1999/2000 teilgenommen und schildert ihre Eindrücke:

Nach zweiwöchiger Überfahrt taucht am Horizont eine dünne weiße Linie auf – die Schelfeiskante. Beim Näherkommen sieht man, wie Schnee über die Kante ins Wasser geblasen wird.

Rund um die Neumayer-Station, die vierzehn Monate mein Zuhause sein wird, präsentiert sich der Kontinent als endlos erscheinende Eiswüste, nur durch ein paar Eisberge im Norden der Station durchbrochen.

Selbst während der Polarnacht, wo man immerhin vier Stunden Dämmerlicht hat, spürt man diese Unendlichkeit.

Tiefe Wolken ziehen auf, Boden und Himmel sind nicht mehr zu unterscheiden, jegliche Kontraste verschwinden – das Phänomen des White Out setzt ein. Ohne die in der Nähe der Station gespannten Handleinen wäre eine Orientierung bei solchem

Meteorologin Heidi Schmid

Wetter absolut unmöglich. Meist setzt zusammen mit dem White Out heftiger Sturm ein. Windstärken von zehn Beaufort und mehr sind keine Seltenheit. Der lockere Schnee wird aufgewirbelt, und es erscheint uns wie ein Sandsturm in der Wüste. Der Weg zur 300 Meter entfernten Halle, wo ich täglich die Wetterballons starte, wird zur Herausforderung.

Solche heftigen Stürme können mehr als eine Woche andauern. Aber dann, so plötzlich wie sie aufgezogen sind, verschwinden sie wieder, der Wind flaut ab, und um uns herum ist es wieder ruhig.

Der antarktische Kontinent hat wieder einmal bewiesen, dass hier Naturgewalten herrschen. Wir Überwinterer müssen stets vor Augen haben, wie schwer das Überleben für uns in einer so eisigen und lebensfeindlichen Natur sein kann.

Ich werde nie die faszinierende Natur vergessen. Das Gefühl lässt sich nur schwer beschreiben, im Kälteschutzanzug bei –30 °Celsius,

Abbildung 1:
Unterkunft

Abbildung 2:
Messe

Abbildung 3:
Kombüse

Abbildung 4:
Fahrzeughalle

Abbildung 5:
Meteorologisches Labor

4

5

Eine Kolonie von Kaiserpinguinen

draußen zu stehen und im Süden die Polarlichter zu sehen. Der Himmel erglüht in einem kalten farbigen Licht, das sich von einer Sekunde auf die nächste verwandelt. Man hat den Eindruck, als wäre da noch etwas anderes als nur das Licht.

Erst gegen Ende der Polarnacht kann man sich wieder weiter von der Station entfernen und auch zur 15 Kilometer entfernten Kolonie der Kaiserpinguine, zu den Robben und imposanten Eisbergen mit dem Motorschlitten fahren. Die Tiere, die kaum Scheu vor uns hatten, zu beobachten, war ein tolles Erlebnis.

Die vierzehn Monate vergingen wie im Fluge. Die *POLARSTERN* nähert sich, um uns abzuholen.

Ich werde ein letztes Mal der Schelfeiskante und der neuen Überwinterungsmannschaft beim Abschied zuwinken. Was mir bleiben wird, sind die Erinnerungen an diese faszinierende Zeit im ewigen Eis der Antarktis.

Winterliche Arktisreise

„ ... noch dreißig Minuten bis zur nächsten Station" – schallt es durch die Laborräume. Ob diese Vorankündigung, die der wachhabende nautische Offizier durch die Wechselsprechanlage den wartenden Wissenschaftlern mitteilt, wirklich eingehalten werden kann, wird abzuwarten sein: FS *METEOR* fährt mit ganz langsamer Fahrt auf die nächste Probenentnahmeposition zu.

Der Kurs wird bestimmt durch die Eissituation. Momentan befindet sich das Schiff in Feldern mit neu gebildetem Pfannkucheneis. Zwischendurch wird der Kurs geändert. Kapitän, Wachoffizier und der Ausgucksmatrose haben Stücke älteren Eises gesichtet. Sieht es von oben auch noch so harmlos aus, bedacht werden muss, dass nur etwa ein Achtel aus dem Wasser kragt. Ein Zusammenstoß kann mal wieder verhindert werden. Mit größter Konzentration wird die Anfahrt zum Zielpunkt fortgesetzt. Mit dem gespenstischen Kegel der Suchscheinwerfer wird Licht in die Dunkelheit der winterlichen Arktis gebracht.

Faszinierend ist das Funkeln der dünnen, am Rand aufgebördelten Pfannkucheneisschollen und der manchmal auftauchenden bläulich schimmernden Alteisstücke.

Schwarze Nacht, weißes Eis und weit und breit kein anderes Schiff. Ist es eigentlich Tag oder Nacht?

So richtig lässt es sich eigentlich nur durch die Abfolge der Mahlzeiten erkennen. Durch das Wachsystem der Besatzung und die Beprobung durch die zuständigen Wissenschaftler immer dann, wenn eine Station erreicht ist – egal zu welcher Zeit –, verliert man nach Tagen der permanenten Dunkelheit das Zeitgefühl.

Seit ein paar Tagen befindet sich die *METEOR* mit 32 Besatzungsmitgliedern und 30 Wissenschaftlern im Arbeitsgebiet zwischen Grönland und Spitzbergen.

Bewusst wurde der Zeitraum November/Dezember gewählt. Es sollen Daten gesammelt werden, die Berechnungen von Strömungen ermöglichen und damit Theorien ozeanographischer Zusammenhänge im winterlichen Arbeitsgebiet bestätigen oder zu neuen Modellen führen können. Die in der Grönlandsee zu beobachtenden Vorgänge bestimmen die Eigenschaften von über 75 Prozent des Wasservolumens aller Meere und treiben die globale Tiefenzirkulation an. Wissenschaftler der Hamburger Universität und Mitarbeiter anderer Institutionen untersuchen im Rah-

Pfannkucheneis dicht am Schiff

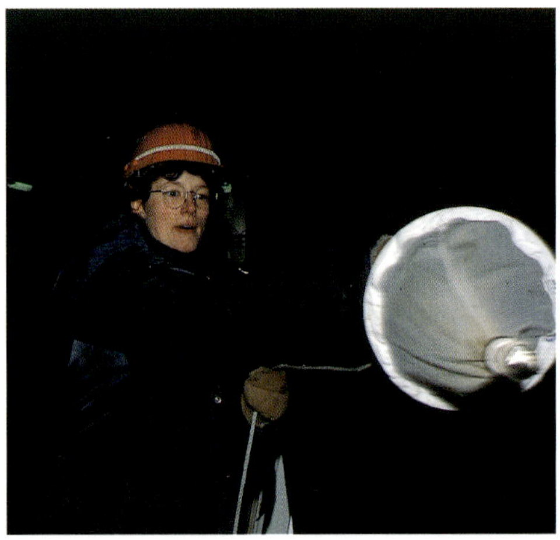

Planktonnetzeinsatz

men des internationalen Grönlandseeprojektes unter anderem, wieviel Oberflächenwasser in große Tiefe gelangt und unter welchen Zirkulations-, Wind- und Eisbedingungen dieses Absinken erfolgt. Alle gewonnenen Erkenntnisse sind Basis für eine qualifizierte Klimaforschung.

Die *METEOR* scheint jetzt die Station zu erreichen. Das Schiff wird mit dem Bug gegen den Wind gelegt und die Fahrt ganz herausgenommen. Mithilfe der Bugstrahlruderanlage und dem Ruder traversiert der Nautiker noch einige Minuten nach Backbord. Dadurch entsteht an Steuerbord – dort, wo Winden und Ausleger über dem Arbeitsdeck angeordnet sind – eine eisfreie Fläche.

Der Windenfahrstand wird besetzt, Matrosen lösen die Befestigungsleinen der Sonden, und die Wissenschaftler bereiten mit einigen Handgriffen die so genannte „CTD-Rosette"

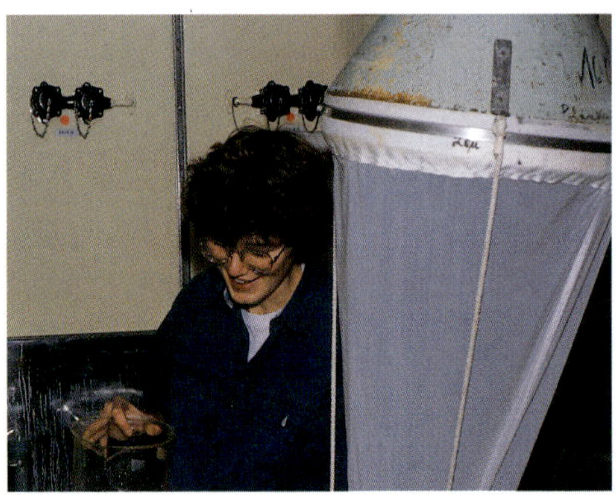

Filtrieren der Wasserproben im Labor

Zählen der Algen unter dem Lichtmikroskop

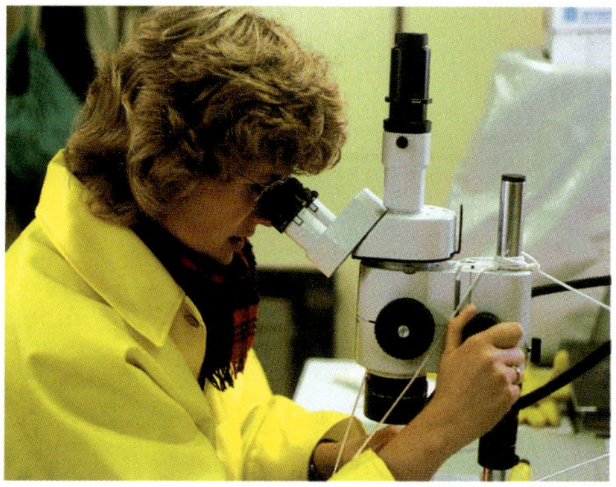

Lichtmikroskopische Vergrößerung einer Diatomee (coscinodixus spec.)

Lichtmikroskopische Vergrößerung von Chaetoceros decipiens

2000-fache elektronenmikroskopische vergrößerung von Distephanus speculum

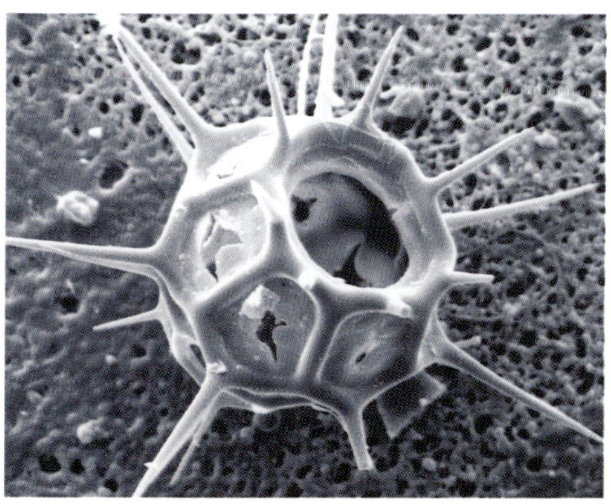

zum Aussetzen vor. Von der Brücke tönt es auch schon „Schiff auf Station, Sonde kann zu Wasser". Auch aus dem Labor hört man, dass das Gerät ausgesetzt werden kann. Vorsichtig wird es angehoben, der Seitenausleger ausgeschwenkt, und endlich verschwindet es in der schwarzen Wasseroberfläche. Abhängig von der Wassertiefe kann es jetzt gut eine Stunde dauern, bis die Sonde fast den Meeresboden erreicht. Während des Wegfierens überwachen Studenten an der Bordrechnereinheit die gemessenen Daten. Die CTD ist über ein mehrere tausend Meter langes Einleiterkabel mit dem Rechner verbunden. Es werden Druck, Salzgehalt und Temperatur gemessen und gespeichert. Je nach Bedarf können weitere Parameter wie Sauerstoffgehalt gemessen werden.

Beim Hieven zurück zur Oberfläche wird in bestimmten Abständen gestoppt. Anmontierte Wasserschöpfer können über einen Schrittmotor in definierter Tiefe verschlossen werden. Kaum ist das Gerät zurück an Bord, machen sich sofort die dick vermummten Wissenschaftler an das Abfüllen der gewonnenen Wasserproben. Mithilfe unterschiedlicher Methoden können bereits an Bord und später an Land Spuren-, Nährstoffe oder Algen aus verschiedenen Tiefen der Wassersäule untersucht werden.

Neben den ozeanographischen Arbeitsgruppen befinden sich auch Planktologen an Bord. Von besonderem Interesse ist auch hier die winterliche Situation, diesmal bezogen auf Algen und Kleinstlebewesen. Das Programm soll Aufschluss geben über die Biomasseverhältnisse und die Planktongemeinschaften. Gerade die zurzeit vorherrschende wochenlange Dunkelheit zwingt die angepassten

Polarlicht-Erscheinung

Organismen zu Überlebensstrategien: Ohne das Licht ist bei Grünalgen keine Photosynthese möglich.

Während die CTD noch auf dem Weg in die Tiefe ist, werden Wasserproben an der Oberfläche gezogen und später Plankton herausgefiltert.

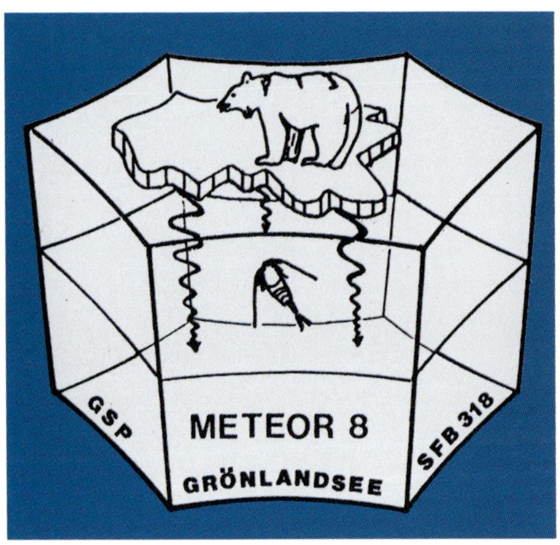

Zum Einsatz kommen auch kleine Handnetze mit einer Maschenweite von nur zweihundertstel Millimetern (20 Mikrometer). Eigentlich sollen sie unterhalb des Wasserspiegels „aktiv" werden. Windböen und die Verwirbelungen hinter dem fast passagierschiffsähnlichen Aufbau führen erstmal zu schmetterlingsnetzartigen Kapriolen. Kommt das Netzchen wieder an Deck, muss es schnell gehen: Abfüllen in das zuvor beschriftete und bereitgestellte Probenfläschchen und dann noch einen Netzzug, bevor der eisige Wind das aus feinster Gaze bestehende Netzgewebe gefrieren und damit brüchig werden lässt.

Ist die CTD/Wasserschöpferrosette an Bord, bekommen auch die Planktologen etwas vom Tiefenwasser ab. Sie können somit die Verteilung und Masse des Planktons sowie seine ver-

Im Sturm

schiedenen Arten bestimmen und zählen.

Alle Geräte sind wieder an Bord, Matrosen befestigen sie wieder seefest. Während auf der Brücke die Ansteuerung zur nächsten Station beginnt, werden in den Labors Proben bearbeitet oder für spätere Untersuchungen vorbereitet. Solange die See einigermaßen ruhig ist und das Schiff nicht heftig stampft, wird dank des vibrationsarmen dieselelektrischen Antriebs mikroskopiert.

Draußen wird es noch kälter. Eisbildung an Deck. Der Weg zum Grob-Nass-Labor wird zur Schlitterpartie. Trotz Heizung wird es auch in den Kammern ungemütlich. Alle Fenster sind durch die sich niederschlagende Luftfeuchtigkeit der Innenräume dick vereist. Nur auf der zum Teil mit Heizscheiben ausgestatteten Brücke kann der Seeraum überwacht werden.

Der Wind nimmt zu, und die Dünung aus entfernteren Sturmgebieten sorgt für unangenehme Schiffsbewegungen. Da wird nicht nur die tägliche Arbeit gefährlich, die Auswertung im Labor strapaziös, auch das

normale tägliche Leben läuft nicht mehr so glatt. Immer wieder wird man wach, das Schiff arbeitet heftig und irgendetwas im Schrank hat sich doch wieder losgeschüttelt und poltert hin und her. Liebevoll gepflegte Topfpflanzen fliegen umher.

Auf der Brücke wird die Fahrt wieder einmal drastisch reduziert. Es sind keine Eisschollen mehr zu sehen; diesmal ist es der hohe Seegang. Verhindert werden soll, dass Spritzwasser im Flug zu gefrieren beginnt und dann Deck, Aufbauten und Masten mit dicken Eispanzern belegt. Dadurch könnte der Gewichtsschwerpunkt des FS *METEOR* gefährlich nach oben verlagert werden. Ganz lässt sich die Eisbildung nicht verhindern. Die in Hamburg vorsorglich an Bord gebrachten Eishämmer müssen nun doch zum Einsatz kommen. Stundenlanges Eisabschlagen und Außenbordschaufeln führen zum Erfolg, und der Anstieg des Barometers zeigt: Das Sturmtief ist vorbeigezogen. Einige Stunden Verzögerung, bis die Stationsarbeiten nach Beruhigung der See wieder aufgenommen werden können. Das Forschen in arktischen Gewässern läuft nicht nach Fahrplan, sondern richtet sich nach den Naturgewalten.

Die mittlerweile angenehmeren Schiffsbewegungen lassen jetzt auch wieder das Mikroskopieren zu. Unter dem Lichtmikroskop werden die aus den Netzzügen gewonnenen Proben bestimmt. Erstaunlich, dass unter diesen unwirtlichen Verhältnissen pflanzliches und tierisches Plankton überleben kann!

Diatomeen – kleinste Algen mit kieseliger Schale – werden fotografiert, anschließend erfolgt die Fixierung mit Formalin.

Die Wasserproben unterschiedlicher Tiefen werden gefiltert. Die Spezialfilter aus Glasfasermaterial werden anschließend zum Teil bei –18 °Celsius eingefroren, andere im Trockenschrank verwahrt. Später an Land erfolgt mit aufwendigen Messmethoden die Bestimmung des Chlorophyll-Gehalts, des Proteins und anderer Parameter. Weitere Filter werden für elektronenmikroskopische Untersuchungen vorbereitet.

Der Stationsaufarbeitung im Labor folgt erst mal ein kleiner Rundgang. Auf dem Peildeck befindet sich der Lichtsensor, die Schreibfeder des Aufzeichnungsgerätes bleibt während der ganzen Reise nahezu auf der Null-Linie.

Ein Blick über das Wasser und in den Himmel: Sterne funkeln und ein Polarlicht flackert auf. Kurzzeitig wird das Schiff in orangefarbenes Licht getaucht. Das Rauschen der Bugwelle und das Pfeifen des Windes in Masten und Antennen – sonst ist alles ruhig ...

Der technische Fortschritt und die Ausrüstung moderner Forschungsschiffe macht es möglich, relativ komfortabel auch diese noch unbekannteren Lebensräume wissenschaftlich zu erkunden. Kaum vorstellbar sind die Entbehrungen früherer Arktisforscher auf ihren im Eis eingeschlossenen, spartanisch ausgestatteten Schiffen. Unvorstellbar sind auch die Gefühle der Menschen, zu Reisen in völlig unbekannte Regionen auszulaufen, ohne zu wissen, wann, wo und wie die Fahrt enden wird.

Die *METEOR* befindet sich jetzt auf 77° 45‘ nördlicher Breite und beprobt einige Stationen von West nach Ost in die Richtung Spitzbergens. Hier werden die nördlichsten Positionen der Reise erreicht. Anschließend bringen uns Beprobungsprofile mit südlichen Kursen langsam wieder der Sonne entgegen.

Nach der letzten Station beginnt das Verpacken der Proben und der mitgebrachten Gerätschaften. Das Labor gleicht mittlerweile einem Möbelwagen: Aluminium- und Holzkisten stapeln sich. Nicht anders sieht es im Laderaum aus. Trotz aller Geschäftigkeit stürzen Besatzungsmitglieder und Wissenschaftler nach draußen: Es hat sich wie ein Lauffeuer verbreitet, denn endlich geht kurz die Sonne auf. Nur noch wenige Tage bis

Die *METEOR (III)* in Hamburg

Hamburg, wo wir kurz vor Weihnachten einlaufen werden.

Alle freuen sich auf die Rückkehr: Besatzungsmitglieder, die abgelöst werden oder über Weihnachten ihre Familien sehen, und Wissenschaftler, die ebenfalls Weihnachten zu Hause feiern können.

Die meisten werden noch lange an die *METEOR*-Reise M 8 zurückdenken. Es wurden nicht nur Proben, Daten und Erfahrungen gesammelt sondern auch Freundschaften geknüpft oder vertieft.

Die Auswertung des Materials wird noch lange Zeit und viel Arbeit in Anspruch nehmen. Ein wenig mehr von den Geheimnissen der winterlichen Arktis werden wir dann wissen.

Nebelbogen
an der Eiskante

Navigation am Ende der Welt

Mit nördlichen Kursen dem arktischen Pol entgegen, zur Antarktis 180° steuern ... wären da nicht einige Faktoren wie Eisbedeckung, Schlechtwettergebiete und insbesondere zu früheren Zeiten unzureichend vermessene Seegebiete sowie unerforschte Küsten, es wäre tatsächlich ganz einfach.

Aber gerade diese Fahrtgebiete erforderten immer die beste verfügbare technische Ausrüstung und erfahrenes Personal.

Der Blick zurück in die Geschichte zeigt hinsichtlich der Schiffe, dass auf Grund fehlender finanzieller Möglichkeiten stets Kompromisse eingegangen werden mussten. Dies galt insbesondere für die Durchführung von Expeditionen auf grundlagen-wissenschaftlicher Basis. Ging es um die nationale Präsenz und politische Ziele, konnten die vorhandenen technischen Möglichkeiten besser ausgeschöpft werden -optimale Voraussetzungen für eine erfolgreiche Expedition waren geschaffen.

Das erfolgreiche Befahren der vereisten Seegebiete und die Erforschung der Küsten waren stets von den Möglichkeiten des Schiffbaus und der zur Verfügung stehenden Antriebstechnik abhängig. Mit einem hölzernen Segelschiff des 19. Jahrhunderts war man nur in der Lage, an den Eiskanten und in relativ eisfreiem Wasser zu manövrieren. Erst der Einsatz von Dampfmaschinen und später leistungsfähigerer Motoren machte es möglich, unabhängig von der Windrichtung zwischen den Eisschollen zu fahren und mit etwas Glück einen Weg in Richtung des angestrebten Arbeitsgebietes zu finden.

In der zweiten Hälfte des 19. Jahrhunderts wurden Eisbrecher für das Freihalten der Häfen und handelswichtigen Küstenabschnitte entwickelt und immer leistungsfähiger. 1898 erfolgte der Stapellauf des russischen Eisbrechers für polare Gewässer *JERMAK.* Der Initiator Makarow wollte mit diesem Schiff den Nordpol erreichen und die Nord-Ost-Passage bezwingen. Die Nutzung dieses Seeweges sollte die wirtschaftliche Erschließung Sibiriens vorantreiben.

Die Konstruktion der *JERMAK* war für das Eis der arktischen Region nicht sehr geeignet: Der Bugpropeller wurde durch das Eis blockiert und beschädigte die vordere Maschine schwer. Auch war das Vorschiff den Belastungen nicht gewachsen.

Trotz weiterer revolutionärer Entwicklung im Schiffbau und größerer verfügbarer Maschinenleistungen ist es auch heute nicht möglich, „einfach

Auf der Brücke

so“ durch das Eis zu fahren. Es bedarf einer genauen Beobachtung und Beurteilung der Eissituation. Um das Ziel zu erreichen, werden Rinnen, Risse oder Polynyen, also eisfreiere Areale genutzt und nur gelegentlich dickere Eisdecken gebrochen. Dabei gelingt meist bei einem Anlauf von etwa zwei Schiffslängen das Rammbrechen einer Rinne von nur etwa einer halben Schiffslänge. Trotz stundenlanger Versuche geht es irgendwann nicht weiter voran: Also erst mal wieder zurück und einen neuen Weg suchen!

Auf der Suche nach Rinnen oder leichter zu brechender jüngerer Eisbedeckung wird der Kapitän heute durch Satellitenbilder, Eiskarten oder mittels Bordhubschraubern gemachten Beobachtungen bei der Routenplanung unterstützt. Da aber alle technischen Hilfsmittel noch immer relativ ungenau sind, ist die optische Beobachtung des Nahbereichs zur Beurteilung der Eissituation unumgänglich.

Immer ist größte Vorsicht geboten: Bei Sichtverschlechterung lassen sich größere Packeisstücke schwer ausmachen. Etwa sieben Achtel des Volumens befinden sich unter Wasser, und insbesondere das mehrjährige Eis kann auch der Rumpfkonstruktion großer Eisbrecher gefährlich werden.

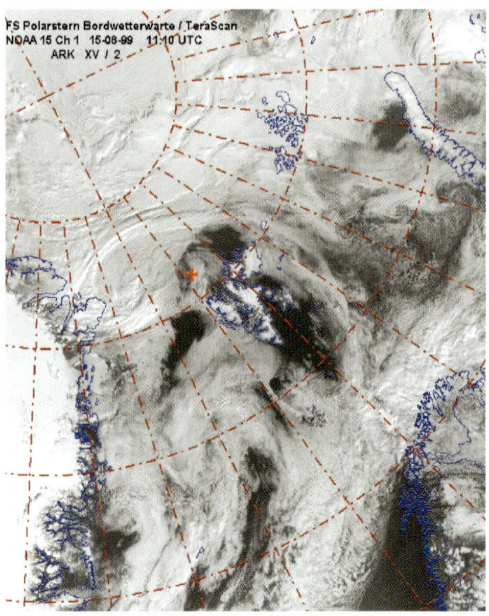

Satellitenbild mit eingezeichneter Position der *POLARSTERN*

Glatte Eisflächen sind mit dem Radar nicht zu erkennen, da die Radarwellen nicht zur Antenne reflektiert werden. Scholleneis und aufgetürmtes Packeis wird umso besser dargestellt, je mehr senkrechte Flächen vorhanden sind. Frühzeitige Anzeichen für die Annäherung an die Eisgrenze sind Abnahme von Seegang und Dünung und die Erscheinung des Eisblinks. Bei Tageslicht und bedecktem Himmel wird das Licht von den weißen Eisflächen gegen die Wolken darüber reflektiert. Das Heranfahren an die Eiskante oder ein Treibeisfeld erfolgt mit reduzierter Maschinenleistung, damit das Schiff beim Rammen von Schollen nicht beschädigt wird.

Seit der *TITANIC*-Katastrophe überwacht der International Ice Patrol (IIP) die Eisbergdrift. Daraus wird täglich die südliche Eisberggrenze bei Neufundland formuliert und über verschiedene Kommunikationswege an die Schifffahrt verbreitet. Durch den Einsatz von leistungsfähigen Radargeräten auf Flugzeugen und hochauflösenden Satellitenbildern ist die Überwachung mit eigenen Schiffen des International Ice Patrol rückläufig. Fracht-, Passagier- und Forschungsschiffe melden sich beim Befahren der Gebiete an und geben

Stark vereistes Vorschiff

alle drei Stunden Wetterbeobachtungen, die Wassertemperatur und eigene Radarbeobachtungen ab.

Die Schiffsvereisung stellt eine weitere Gefahr dar. Bei sehr niedrigen Lufttemperaturen gefriert das ohnehin schon kalte Seewasser quasi im Flug: Spritzwasser und Gischt setzten sich als Eisschicht an den Aufbauten, der Reling, den Antennen und Kranen ab. Mit jedem Einsetzen des Stevens in die grobe See und der Übernahme von Spritzwasser wird die Schicht dicker. Öffnungen zum Ablaufen des Wassers von Deck vereisen, es bildet sich ein dicker, tonnenschwerer Eispanzer.

Durch die Gewichtszunahme kann es zu extremer Toplastigkeit kommen, die Stabilität des Schiffes – also die

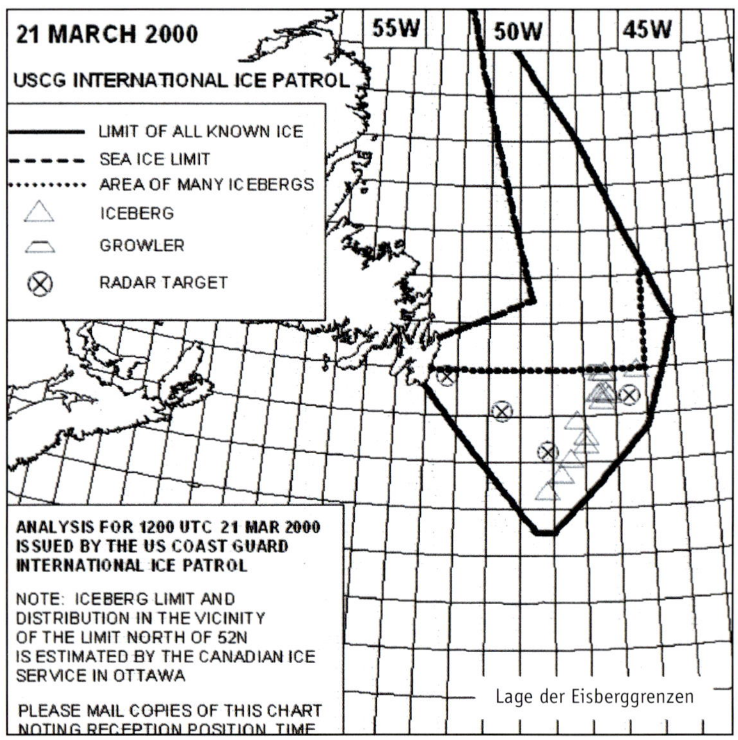

Lage der Eisberggrenzen

Brechen durch das Packeis

Eigenschaft, in aufrechter Lage zu schwimmen und einer Krängung aufrichtende Momente entgegenzusetzen – ist gefährdet.

Jetzt spätestens ist der Moment gekommen: Alle Mann an Deck! Mit Eishämmern und Spitzhacken muss das Eis abgeschlagen und außenbords geschaufelt werden. Außerdem werden Kurs und Fahrt des Schiffes so gewählt, dass möglichst wenig Spritzwasser an Deck und Aufbauten gelangt. Landschutz oder die Nähe von Treibeisfeldern sind bei längeren Schlechtwetterphasen ebenfalls dringend empfohlen.

Eine Besonderheit bei der Navigation in polaren Breiten war bis zur Einführung besserer technischer Hilfsmittel die Unregelmäßigkeit des Magnetfeldes der Erde. Die Inklination, also der Neigungswinkel der Ge-

samtfeldstärke zur Horizontalebene, ist in den hohen Breiten sehr hoch. Sie treffen in einem sehr hohen Winkel auf die Erdoberfläche. Das bedeutet für einen für Fahrtgebiete in gemäßigten Breiten konstruierten Magnetkompass, daß die Magnetnadel nicht frei schwingen kann. Erhebliche Schwierigkeiten bei der Kursbestimmung waren die Folge.

Eine weitere Schwierigkeit beim Navigieren in arktischen Gewässern war und ist zum Teil bis zum heutigen Tag das unzureichende Kartenmaterial. Unbekannte Küstenlinien und unvollständige bathymetrische Karten, die Auskunft über die Wassertiefe geben könnten, erlaubten nur langsames Herantasten. Selbst im heutigen Satellitenzeitalter sind viele Seegebiete schlecht vermessen – insbesondere für die Kapitäne von Expeditionskreuzfahrtschiffen eine große Herausforderung bei der Annäherung interessanter Inseln oder Passagen.

Auch wenn bereits Walfänger und frühe Forschungsreisende stets Skizzen und Karten anfertigten, mit der Realität stimmen sie nicht unbedingt überein. Voraussetzung für exaktes Kartieren ist die Kenntnis einer genauen Position. Vor Einführung von Satelliten-Navigationssystemen erfolgte die Ortsbestimmung astronomisch. Mithilfe eines Winkelmessinstrumentes wird die Höhe eines Gestirns über dem Horizont gemessen. Unsicherheitsfaktoren sind vor allem mögliche Ungenauigkeiten bei der exakten Zeitmessung und bei der Beobachtung selbst, hervorgerufen durch starke Schiffsbewegungen oder schlechte Sichtverhältnisse. Bei wolkenverhangenem Himmel ist die Höhenmessung der Sonne oder mehrerer Sterne mit Sextanten oder Oktanten nicht möglich. Deshalb musste häufig auf das Koppeln, also das Weiterberechnen der Position unter Berücksichtigung von Strom und Windeinflüssen zurückgegriffen werden. Es ist einsichtig, dass allein dadurch der berechnete Ort von Tag zu Tag ungenauer wird.

Abhilfe schafften erst technische Navigationshilfen. Das Transit-Satelliten-System wurde zu Beginn der sechziger Jahre für die Marine der USA aufgebaut. Mehrere Satelliten bewegen sich auf Bahnen in einer Höhe von 1100 km. Die polaren Bahnebenen der verschiedenen Satelliten sind gegeneinander versetzt, um eine möglichst gleichmäßige Verteilung zu erreichen. Je nach Schiffsposition kann ein Satellit vom Empfänger alle 30 Minuten bis etwa drei Stunden beobachtet werden. Nach Auswertung der empfangenen Signale wird der Koppelort berichtigt.

Eine weitere Verbesserung und eine größere Präzision werden durch das Global Positioning System GPS erreicht. Im Gegensatz zum Transit werden die Entfernungen vom Empfänger zu mehreren Satelliten gemessen. Um auf jeder Position kontinuierlich drei oder mehrere Satellitensignale empfangen zu können, befinden sich mindestens 18 Satelliten in sechs Umlaufbahnen in einer Höhe von 20183 km. Das System wurde in den achtziger Jahren zur militärischen Nutzung der USA aufgebaut. Seit einigen Jahren ist auch die zivile Nutzung möglich. Die ständige Verfügbarkeit der genauen Position ermöglicht neben einer sicheren Navigation auch exaktere Vermessungen als Grundlage neuen Kartenmaterials.

Polarlichter und Eisberge

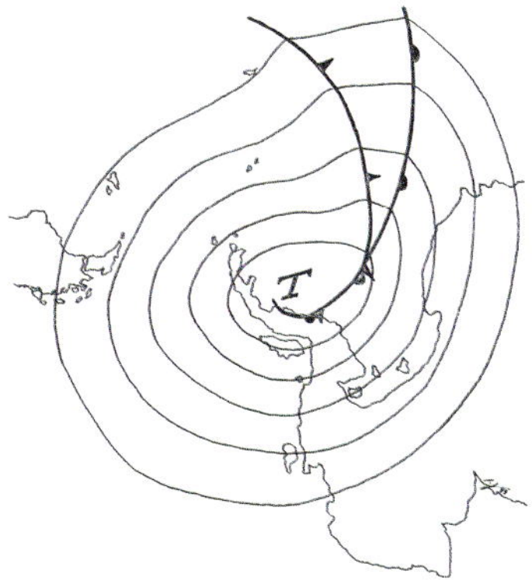

Arktis und Antarktis – mehr als 15 000 Kilometer voneinander entfernt – eine faszinierende Natur um Nord- und Südpol.

Die Arktis ist ein Meer mit einer schwimmenden Meereisdecke, umgeben von Kontinenten. Die Antarktis ist ein Kontinent, der von Meeren umgeben ist. Aber beide haben eins gemeinsam: Vom Satelliten aus betrachtet erscheinen sie weiß. Eis und Schnee, die festen Formen des Wassers, bestimmen zum größten Teil das Leben in diesen Regionen.

Bestimmend für die Naturverhältnisse um den Nord- und Südpol ist die Kälte. Diese resultiert aus der Geometrie der Erdkugel und der Neigung der Erdachse zur Sonne.

Je nach Neigung der Erdachse gibt es am Nord- und Südpol die Polarnacht und den Polartag. Während der Polarnacht steigt die Sonne am Polarkreis für 24 Stunden nicht über den Horizont, während des Polartages sinkt sie für den gleichen Zeitraum nicht darunter. Jeweils zu den Polen hin verlängert sich die Dauer der Polarnacht beziehungsweise des Polartages, so dass diese direkt an den Polen jeweils sechs Monate beträgt.

Die Polarnacht bietet dem Beobachter in der winterlichen Dunkelheit willkommene Abwechslungen: die Polarlichter. Dabei handelt es sich um Lichterscheinungen, die sich in großen Höhen der Erdatmosphäre abspielen. Sie treten besonders häufig nördlich von 60 Grad Nord auf und werden Nordlichter oder Aurora borealis genannt. Die Südlichter – Aurora australis – hingegen sind südlich des sechzigsten Breitengrades der Südhalbkugel zu finden.

Die Lichterscheinungen kommen in unterschiedlichen Farben und mannigfaltigen Formen vor: Bänder, Bögen, Koronen, und in Formen, die an Wolken, Vorhänge oder Flammen erinnern.

Gleichzeitig können Veränderungen und Schwankungen des Erdmagnetfeldes und Störungen unter anderem beim Kurzwellenfunk festgestellt werden.

Winterliches
Polarlicht
an der *Georg-von-Neumayer-Station*

Hatte die Erscheinung des Polarlichtes früher etwas Mystisches, so weiß man heute mehr über die komplizierten Vorgänge, die die Truggebilde auslösen: Elektrisch geladene Teilchen werden von den Sonnenflecken ausgesandt und treten in das Magnetfeld der Erde ein. Sie werden in zwei ringförmige Zonen um die magnetischen Pole abgelenkt. Die elektrisch geladenen Teilchen regen dann in einer Höhe zwischen 100 und 400 Kilometern die dort vorhandenen Atome und Moleküle des Sauerstoffs

Dämmerungs- und Helligkeitszeiten im Jahresverlauf. Darstellung für eine Position auf einer Breite von 77° 45′ Nord

beziehungsweise des Stickstoffs zum Leuchten an.

Die Intensität des Polarlichtes ist abhängig vom Sonnenfleckenzyklus mit einer Periode von etwa elf Jahren.

Die von der Sonne nur im geringen Maß zugeführte Energie drückt sich an den Polen in den vorherrschenden Lufttemperaturen aus. Obwohl in Sibirien Tiefsttemperaturen von -68 °Celsius gemessen wurden, hält die russische Forschungsstation Vostok in der Antarktis seit 1983 den weltweiten Kälterekord bei -89,6 °Celsius. Man kann sich die Konsequenzen nur schwer ausmalen, unter welchen Umständen dort Menschen leben. An diesem Ort werden besondere Thermoanzüge getragen, die bei extremen Temperaturen elektrisch beheizt werden können.

Die Antarktis ist der kälteste Kontinent der Erde. Während im Sommer auf der Nordhalbkugel bei Spitzbergen auf etwa 80 Grad nördlicher Breite positive Lufttemperaturen um 5 °Celsius erreicht werden, herrscht an der gleichen geographischen Breite der Südhalbkugel zur gleichen Jahreszeit Dauerfrost um -20 °Celsius.

Da die Antarktis deutlich kälter ist, entwickeln sich in den Regionen rund um den Südpol die heftigsten Stürme. Windgeschwindigkeiten bis zu 300 km/h wurden bereits gemessen. Um ein Verhältnis für die Stärke dieser Stürme zu vermitteln: Ein Orkan beginnt bei etwa 120 km/h!

Dazu noch driftender oder fallender Schnee, eine wahre Hölle! Die hohen Windgeschwindigkeiten werden in der Antarktis deshalb erreicht, weil sie durch katabatische Winde unterstützt werden. Sie entstehen durch die abfließenden kalten Luftmassen vom zentralen Antarktisplateau mit einer durchschnittlichen Höhe von 2250 Metern. Für Menschen, die in den Regionen mit hohen

DEUTSCHLAND
vom Eis eingeschlossen,
Weddellmeer, 1912

Windgeschwindigkeiten und niedrigen Lufttemperaturen leben, tritt eine zusätzliche Abkühlung durch den Effekt des Wind-Chill auf.

Darunter versteht man eine zusätzliche Abkühlung an der Hautoberfläche. Der über die Haut streichende Wind führt die Körperwärme noch schneller ab. Der Zusammenhang zwischen der messßbaren Lufttemperatur und der bei einer bestimmten Windgeschwindigkeit empfundenen Kälte, wird durch den Wind-Chill-Faktor beschrieben. Bei einer Lufttemperatur von -18 °Celsius und einer Windgeschwindigkeit von 25 Knoten (Windstärke 6) ergibt sich eine an der Haut empfundene Temperatur von etwa -40 °Celsius. Ein beachtlicher Unterschied, der schnell zu Erfrierungen im Gesicht oder an den Händen führen kann.

Bei den Temperaturverhältnissen ist es klar, dass die Regionen Arktis und Antarktis durch Eismassen geprägt werden.

Die durchschnittlichen Jahresniederschläge der Arktis mit 250 mm (in Grönland etwa 100 mm) und in der Antarktis mit nur 20 mm sind im Vergleich zu Mitteleuropa (in Hamburg beträgt sie ungefähr 700 mm) gering. Sie fallen als Schnee, in geringen Mengen als Regen.

Trotz des geringen Niederschlags hat sich eine enorme Eismasse an den Polen angesammelt. Etwa 89 Prozent der Eismasse befinden sich in der Antarktis, 9 Prozent in Grönland und die verbleibenden zwei Prozent verteilen sich auf die restlichen Gletscher der Erde. Ein Schmelzen der Eismassen in der Antarktis hätte zur Folge, daß der Meeresspiegel um 60 Meter ansteigen würde. Der antarktische Kontinent, mit einer durchschnittlichen Höhe von 2250 Metern der höchste Kontinent der Erde, ist mit

Handleinen dienen der Orientierung bei schlechter Sicht, *Neumayer-Station*, Antarktis

einer bis zu fünf Kilometer dicken Eisschicht überzogen. Diese Eisschicht wird als Inlandeis bezeichnet. Auch Grönland besitzt eine durchschnittlich 1500 Meter dicke Schicht Inlandeis. Die mächtigen Inlandeismassen sowohl Grönlands als auch der Antarktis fließen aufgrund der Schwerkraft zu den Küsten in Form von Gletschern, ab.

Gletscher können nur dann existieren, wenn mehr Schnee fällt, als im Jahresdurchschnitt wieder taut. Die Gletscher sind die Produzenten für die zum Teil gigantischen Eisberge.

Die Tafeleisberge mit maximalen Seitenlängen bis zu 300 Kilometern kommen nur in den Regionen der Antarktis vor. Sie stammen von den Schelfeisplatten. Das Schelfeis entsteht, wenn der Gletscher an die Küsten, also den Meeresgrund gelangt. Die Eisdecke schiebt sich auf dem Boden des Schelfmeeres zum

Eisbergfriedhof mit gestrandeten Tafeleisbergen bei Kap Norwegia

offenen Ozean vor. Selbst bei Wassertiefen von 600 Metern ist dies der Fall. Wird das Wasser tiefer, beginnt die Schelfeisdecke zu schwimmen, und die Dicke nimmt ab. Die schwimmende Schelfeisdecke wird an den Rändern durch lange Dünungswellen des Ozeans bewegt. Dabei brechen größere Teile ab, die dann als Tafeleisberge mit den Meeres- oder Windströmungen treiben. Den Vorgang des Abbrechens nennt man „kalben". Der Eisberg schwimmt, da er aus gefrorenem Süßwasser besteht, welches ein geringeres spezifisches Gewicht als Meerwasser besitzt.

Ein Tafeleisberg kann Ausmaße in der Größenordnung der Fläche Schleswig-Holsteins erreichen. Tafeleisberge sind an der Oberseite eben und ragen mit nur einem Achtel der Masse aus dem Wasser heraus. Das Verhältnis der Höhe des Tafeleisbergs zum Tiefgang beträgt 1:5. Ein etwa 30 Meter hoher Tafeleisberg hat daher einen Tiefgang von 150 Metern. Selten sind sie höher als 60 Meter. Die Höhe des bisher höchsten Eisbergs betrug 167 Meter. Da ist es kein Wunder, dass diese gewaltigen schwimmenden Kolosse aufgrund ihres Tiefgangs in „seichteren" Gewässern stranden, was oft im nordöstlichen Weddellmeer beim Kap Norwegia passiert. Diese Regionen werden als Eisbergfriedhöfe bezeichnet. Die Tafeleisberge hinterlassen beim Stranden deutliche Spuren am Meeresboden.

Im Gegensatz zur Antarktis entstehen im Nordpolarmeer Gipfeleisberge aus den Gletschern Grönlands. Da die Temperaturen nahe der grönländischen Küste, eher als an der antark-

Schelfeiskante in der Atka-Bucht

tischen Küste, positive Werte erreichen, bilden sich keine großen Schelfeisflächen. Daher sind die Eisberge eher unregelmäßig geformt. Es ragen bei dem unregelmäßig geformten Gipfeleisberg nur die Zacken aus dem Wasser, die kompakte Masse befindet sich wie beim Tafeleisberg unter Wasser.

Der Gipfeleisberg erreicht Höhen bis zu 70 Metern über der Meeresoberfläche. Maximale Höhen bis zu 215 Metern wurden bereits gemessen. Im Winter frieren die Eisberge in der Meereisdecke fest. Besonders im Frühjahr und Sommer treiben sie mit den Meeresströmungen, wie dem Ostgrönland- oder Labradorstrom, nach Süden.

Gelangt ein Eisberg durch die Meeresströmungen in wärmere Regionen, ist seine Lebensdauer von der Wassertemperatur abhängig. Während die Temperatur im Inneren des Eisbergs weniger als –15 °Celsius beträgt, setzt von außen der Schmelzprozeß ein. Bei einer Meerwassertemperatur von 2 °Celsius überlebt ein Eisberg von 45 Metern Höhe und 120 Metern Seitenlänge etwa 35 Tage. Eisberge, deren Oberfläche nicht größer als 20 m^2 ist und nur wenig über die Wasseroberfläche ragen, werden als Growler bezeichnet.

Im Gegensatz zu den aus Süßwasser gefrorenen Eisbergen entsteht Meereis aus Salzwasser. Meerwasser hat einen durchschnittlichen Salzge-

Pfannkucheneis
bildet sich

halt von 3,5 Prozent, daher beginnt es erst bei -1,8 °Celsius zu gefrieren. Es bilden sich zunächst einzelne Eiskristalle, die an der Oberfläche den Eisbrei bilden. Dieser wächst bei glatter See zu einer geschlossenen Eisdecke zusammen. Ist etwas Seegang vorhanden, kann das „Pfannkucheneis", kleine rundliche Schollen mit mehreren Dezimetern Durchmesser, beobachtet werden. Die Schollen erhalten das typische Aussehen, weil die Schollen im Seegang zusammenstoßen und die Ränder sich dadurch wölben. Ist die Eisdecke erst geschlossen, verlangsamt sich der Gefrierungsprozess, da die verantwortliche kalte Atmosphäre nicht mehr ungehindert das relativ warme Meerwasser abkühlen kann. Da Eiskristalle nur aus Süßwasser bestehen, wird das Meersalz in Taschen zwischen den Eiskristallen eingebunden. In Abhängigkeit von den negativen Lufttemperaturen und der Dauer des Frostes wächst die Eisdicke. Hat das Meereis einen Winter überstanden und wird dem darauffolgenden Sommer zum Opfer fallen, bezeichnet man es als einjähriges Eis.

Überlebt das Meereis den ersten Sommer, nennt man es mehrjähriges Eis. Das Alter läßt sich auch aufgrund der Farbe bestimmen.

Mit zunehmender Lebensdauer wird das Eis salzfrei und erscheint grün oder blau, was sich bei einer Fahrt durch das Packeis gut beobachten lässt.

Polarstern bahnt sich den Weg durch das Packeis

Packeis ist der schollenförmige Zustand des Meereises. Eine vollkommen geschlossene Meereisdecke wird als Festeis bezeichnet.

Die Packeisdecke wird durch Wind und Strömung stark verändert. Schollen schieben sich übereinander und werfen sich zu Barrieren auf, den bis zu einigen Metern hohen Pressrücken. Die Bedeckung des Meeres mit Eis wird, wie international vereinbart, in Zehnteln angegeben. Während bei einer Dichte von 4 bis 6 Zehnteln noch Kanäle für die Durchfahrt von Schiffen vorhanden sind, ist ein Vorankommen bei 7 bis 9 Zehnteln festem bis geschlossenem Packeis fast nur durch „Rammen" möglich.

Besonders küstennah bilden sich, trotz fast geschlossener Meereisdecke, oft eisfreie Zonen. Diese werden als Polynyas bezeichnet. Sie entstehen vor allem durch stärkere ablandige Winde, die das zum Teil kompakte Meereis zurückdrängen. Die eisfreien Polynyas werden idealerweise von der Schifffahrt genutzt.

Das Meer- und Inlandeis der Regionen Arktis und Antarktis bewirken in Kombination mit den niedrigen Lufttemperaturen typische Erscheinungen.

Durch den stetig kalten Untergrund (Meer- oder Inlandeis) bildet sich in einer Höhe von etwa 100 Metern eine Wolkendecke (Stratus) aus. Sinkt die Wolkendecke bis in Bodennähe ab, herrscht Nebel, welcher über Tage oder Wochen stabil sein kann. Bedeckter Himmel und Nebel sind außerdem verantwortlich für das Phänomen des „White Out". Es tritt dann

auf, wenn Reste von Sonnenlicht, die durch die Wolkendecke dringen, von der Schnee und Eisoberfläche sowie der Wolkenunterseite mehrfach reflektiert werden. Dadurch existieren keine Kontraste, Schatten oder Horizont.

Die Orientierung ist fast unmög lich. Der Beobachter sieht, wenn er keine Bezugspunkte hat, alles weiß!

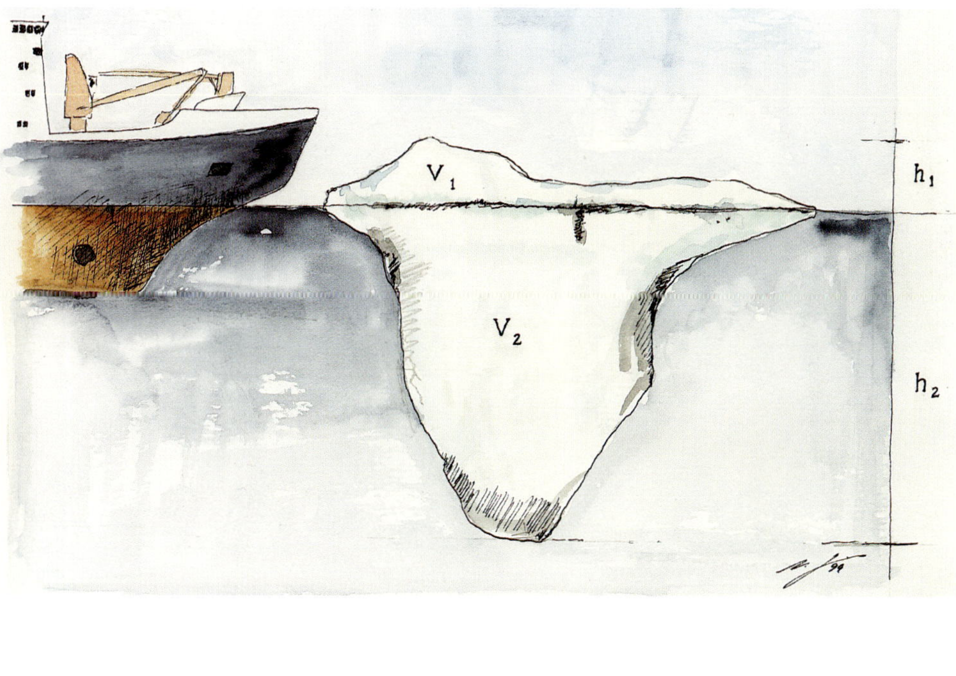

Von Eisbären und Pinguinen

Arktis und Antarktis – Regionen der Erde, die weit voneinander entfernt sind. In diesen abgelegenen, von Kälte geprägten Lebensräumen hat sich eine unterschiedliche Tierwelt entwickelt – aber es gibt auch Gemeinsamkeiten.

So schafft es einer der ganz kleinen Vertreter der Tierwelt, die Küstenseeschwalbe, sowohl Arktis als auch Antarktis zu besuchen. Dieser kleine Möwenvogel wandert von den Brutplätzen in der Arktis bis zur Antarktis und legt dabei etwa 15.0000 km zurück. Aber auch die ganz Großen – die Wale – sind in den kalten Regionen zu finden. Etwa der bis zu 20 Meter lange und bis zu 40 Tonnen schwere Pottwal, der ein Lebensalter von 50 Jahren erreichen kann. Diese großen Tiere profitieren von der ungeheuren Nahrungsvielfalt, die diese Lebensräume zu bieten haben.

Auch die Buckelwale findet man auf beiden Halbkugeln der Erde. Sie wandern von den Futtergründen um die Pole zu den Wurfplätzen nahe des Äquators. Die „Überquerung des Äquators" wird von den Tieren gemieden. Sie ziehen ein Leben auf ihrer jeweiligen Halbkugel vor. Resultiert daher auch das unterschiedliche Verhalten der männlichen Buckelwale bei der Brautwerbung? Man weiß es nicht genau.

Einige Tiere leben nur in der Arktis beziehungsweise Antarktis. Die typischen und am häufigsten genannten Vertreter der Arktis sind die Eisbären. Sie verbringen, wie der Name verrät, die meiste Zeit ihres Lebens auf dem Packeis. Nur in den Sommermonaten

Pilotwale
begleiten
das Schiff

Neugieriger Eisbär auf dem Packeis

genießen sie den Landaufenthalt im Norden Asiens und Amerikas sowie auf Spitzbergen und in Grönland. Sie sind Allesfresser, denn sie nehmen auch, besonders wenn Fleisch rar ist, Gras und Beeren zu sich. Der Körper ist lang gestreckt und schmal. Die Ohren sind auffallend klein, damit nicht viel Körperwärme verloren geht. Eine Fettschicht und das dicke weiße Fell wirken wie eine Isolierschicht. Die männlichen Eisbären ziehen das ganze Jahr über das Packeis, die trächtigen Weibchen dagegen fressen sich eine dicke Fettschicht an und ziehen sich im Herbst in eine Schneehöhle zurück. Anfang des Jahres, im tiefsten Winter, bringen sie meist zwei Junge zur Welt, mit denen sie bis zum Frühjahr in der Höhle verweilen. Dann bleiben die jungen Bären zwei Jahre bei der Mutter, um das Überleben in der arktischen Wildnis zu lernen.

Eisbären erreichen eine beachtliche Laufgeschwindigkeit. Wenn sich ein Eisbär nähert, sollte man flüchten oder Schutz aufsuchen, denn der Eisbär ist und bleibt ein Raubtier. Insbesondere ausgehungerte Tiere sind zu meiden. Der Eisbär kann bis zu zweieinhalb Meter lang werden. Das Lebensalter beträgt bis zu 25 Jahre.

Als das Wappentier der Arktis könnte man das Walross mit seinen bis zu 75 cm langen Hauern bezeichnen. Diese Hauer haben sich im Laufe der Evolution aus den Eckzähnen gebildet. Typisch ist auch der „Oberlippenbart“, mit dem das Walroß auf der Nahrungssuche am Meeresboden kleine Schnecken und Muscheln aufspürt.

Das männliche Walross kann 3,75 Meter lang werden und etwa 1,5 Tonnen schwer. Es ist die größte Robbe, die es auf der Erde gibt.

Der mächtige Rücken eines Wales taucht neben dem Schiff auf

Walrösser erholen sich auf dem Packeis

Neben Eisbär und Walross leben hier noch viele andere Tiere, wie Biber, Braunbär, Elch, Rentier, Eisfuchs, Wolf und eine Vielzahl verschiedener Robben und Wale. Nicht zu vergessen die über 120 Vogelarten, die aus den Tropen oder gemäßigten Breiten kommen, um in der Arktis zu brüten.

Diese anderen Tiere zu beschreiben, würde den Umfang des Buches sprengen. Wenden wir uns lieber der Tierwelt der Antarktis zu.

Kein Zweifel, die Pinguine sind wohl die bekanntesten Bewohner der Antarktis. Diese putzigen und neugierigen Tiere mit ihrem „Frack", gehören zu den flugunfähigen Vögeln in der Antarktis. So wie sie sich an Land stolz und witzig zugleich bewegen, so können sie unter Wasser mit ihren zu Flossen umgebauten Flügeln und den stromlinienförmigen Körpern beachtliche Geschwindigkeiten erzielen. Das hilft ihnen, ihren Räubern, den Seeleoparden und Schwertwalen, hin und wieder zu entkommen. Wird es an Land mal brenzlig, legen sie sich auf den Bauch und gleiten unter Zuhilfenahme ihrer Füße und der Flügel über das Eis. Denn der Schwertwal verfolgt Pinguine bis auf Eisschollen, auf die er sich mit seinem Körper bei einem Überraschungsangriff aufgleiten lässt.

Die häufigste Art ist der Adeliepinguin, das Symboltier der Antarktis schlechthin. Über 10 Millionen Paare

brüten am Kontinentalrand der Antarktis und den subantarktischen Inseln. Sie haben ein dichtes schwarzweißes Federkleid. Auffallend am schwarzen Kopf ist der weiße Augenring. Sie werden bis zu 50 Zentimetern groß und erreichen ein Körpergewicht von 5 Kilogramm.

Eine Größe von einem Meter erreichen Kaiserpinguine. Sie werden 20 bis 45 Kilogramm schwer und haben eine Lebenserwartung von bis zu 20 Jahren. Die etwas kleineren Artverwandten sind die Königspinguine.

Aufgrund seiner Schreie bei der Begrüßung hat der etwa 60 Zentimeter hohe Eselspinguin seinen Namen erhalten. Man findet ihn vor allem auf der antarktischen Halbinsel.

Adeliepinguin

Adeliepinguin

Alle Pinguine leben in Kolonien und haben ein ausgeprägtes soziales Verhalten. Das Brutgeschehen der Adeliepinguine läuft folgendermaßen ab: Im Oktober kommen zunächst die Männchen aus der dem Meer nahen offenen Packeiszone und wandern landeinwärts. Im geschlossenen Packeis richten sie auf so genannten Bruthügeln den Brutplatz ein. Kurz danach folgen die Weibchen und legen meist zwei Eier. Zunächst brüten die Männchen alleine, später helfen die Weibchen mit aus. Von jetzt an ist immer einer der Partner auf Nahrungssuche.

Wie bei mehreren Pinguinarten üblich, schließen sich in einem be-

Adeliepinguine beobachten neugierig die Ankunft der *POLARSTERN* an der Eiskante

stimmten Stadium des Brutgeschehens einige Paare zusammen und bilden Kindergärten. Nun übernehmen einzelne Elternteile die Aufsicht, damit andere in Entfernungen bis zu 50 Kilometern um den Brutplatz zur Nahrungssuche ausschwärmen können.

Pinguine sind wie die meisten Tiere der Antarktis recht zutraulich. Der Mensch ist ihnen als Feind nicht bekannt. Wenn Sie Pinguine in der Natur begegnen, dann brauchen Sie nicht auf sie zuzugehen. Setzen Sie sich einfach hin! Die Damen und Herren im Frack werden, neugierig wie sie sind, in kurzer Zeit auf Sie zukommen.

Adeliepinguin

Hauptbeute der Pinguine ist, wie auch für Wale, Robben und Seevögel, der Krill. Krill ist das norwegische Wort für „Walnahrung". Der etwa 7 Zentimeter lange, rötliche garnelenähnliche Krebs ist das Schlüsselglied in der marinen Nahrungskette. Er erreicht ein Alter von immerhin sieben Jahren und lebt in riesigen Schwärmen, sodass man manchmal vom Schiff aus rötlich gefärbtes Wasser beobachten kann. Der so genannte „Euphausia Superba" gilt als Überlebenskünstler: Er kann bis zu 200 Tage ohne jegliche Nahrungsaufnahme auskommen.

Die gesamte Biomasse an Krill im Südpolarmeer wird auf 500 Millionen Tonnen geschätzt. Jährlich werden von den Tieren der Antarktis etwa 200 Millionen Tonnen vertilgt. Diese riesige Eiweißquelle wollte sich auch der

Eselspinguine an der Magellanstrasse

Krill

Schlangenstern

Der Albatros ...

Mensch zunutze machen, was in den siebziger Jahren zu einer umfangreichen Krillforschung führte. Da die Schale des Krills einen hohen Fluoridgehalt aufweist und für den Menschen schädlich ist, wurden die in den Supermärkten angebotenen „Krillpasten" kaum angenommen. Obwohl es seit 1982 ein Abkommen zum Schutz der Krillbestände gibt, fischen unter anderem japanische Trawler weiter. Norwegische Firmen haben seit kurzem Interesse an dem Chitinpanzer des Krills für Medikamentenkapseln. Umweltschützer fordern zu Recht Fangquoten, damit das Überleben der vom Krill abhängigen Tiere gewährleistet ist.

Ein weiterer Vogel hat sich neben dem Pinguin hervorragend an das Leben am Rande der Antarktis und den dort vorhandenen hohen Windgeschwindigkeiten angepasst: der Albatros – ein echter Meister der Lüfte. Außer bei Start und Landung, welche zum Teil recht holperig aussehen, ist

... ein eleganter Flieger

er in Eleganz und Ästhetik während des Fluges kaum zu übertreffen. Ihre Heimat sind die berühmten 40er, 50er und 60er Breiten, wo zu fast jeder Jahreszeit Stürme an der Tagesordnung sind. Sie gleiten fast ohne Flügelschläge über das Meer. Schön ist es, ihren Flug vom Schiff aus zu beobachten, das sie oft tagelang begleiten. Nur wenn der Wind abflaut, sind sie schnell verschwunden.

Der Wanderalbatros erreicht eine Flügelspannweite von bis zu 3,5 Metern und zählt damit zu den größten flugfähigen Vögeln. Er frisst Krill, Tintenfische und Fische. Während der Nahrungssuche legen die Elternteile oft mehr als 1000 Kilometer zurück, um den großen Appetit ihrer Jungvögel zu stillen. Der Wanderalbatros kann ein Alter von etwa 20 Jahren erreichen.

Hoffentlich bleibt diese wundervolle und faszinierende Tierwelt dem Menschen noch lange erhalten.

HANSEATIC
HANSEATIC

Expeditions-kreuzfahrten

Die Geschichte der „Vergnügungsreisen“ auf See beginnt im Sommer des Jahres 1890 mit einer Reise des Schnelldampfers *KAISER WILHELM II* nach Norwegen bis zum Nordkap.

Zu diesem Zeitpunkt ist eine Urlaubsreise auf See außergewöhnlich: Passagierschifffahrt dient seit Mitte des 19. Jahrhunderts insbesondere, den Auswandererstrom über den Nordatlantik in die Neue Welt zu führen. Es sind allerdings nicht nur die perspektivlosen Armen Europas, die dort eine Zukunft finden wollen, sondern zunehmend auch besser gestellte Geschäftsleute mit ihren Familien. Sie genießen den Luxus der immer größeren, schnelleren und pompöseren Dampfer.

Für diese Kreise ist die Fahrt als solche und nicht nur das Ankommen an einem Zielpunkt ein wichtiges Kriterium.

Diese Tendenzen erkennend, schufen der Bremer Norddeutsche Lloyd (NDL) und die Hamburg-Amerikanische-Packetfahrt AG (HAPAG) die Kreuzfahrt. Ziel ist es auch, den vorhandenen Schiffsraum in Zeiten schlechterer Auslastung besser auszunutzen. Anstatt im Winter über den stürmischen Nordatlantik zu fahren, können bereits im Winter 1890 Reisen in das Mittelmeer und den Orient auf *AUGUSTA VICTORIA* der HAPAG unternommen werden. Albert Ballin ließ das Schiff für 240 Kreuzfahrtreisende umbauen und ausrüsten.

Der Norddeutsche Lloyd beginnt bereits im Sommer mit der Norwegenreise erste Lustfahrt-Versuche. Allerdings wird der Dampfer *KAISER WILHELM II* für den neuen Einsatz nicht umgebaut.

1894 startet man bei der HAPAG mit den berühmten Nordlandfahrten. Diese beliebten Kreuzfahrten werden noch heute von vielen Reedereien angeboten – darunter auch von der Hapag-Lloyd, die 1970 durch die Fusion von NDL und HAPAG entstand.

PRINZESSIN VICTORIA LUISE wird im Jahre 1900 von der HAPAG in Dienst

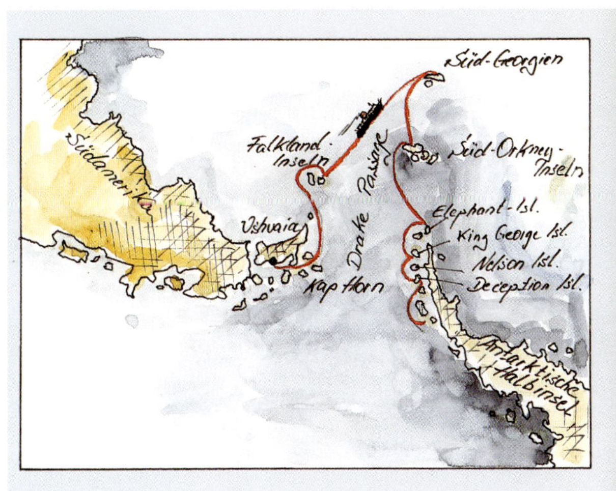

gestellt. Die mit 4419 BRT vermessene „Lustyacht" wurde bei Blohm & Voss in Hamburg gebaut, ihre Ausstattung entspricht den Vorstellungen gut zahlender Passagiere. Mit diesem ersten Kreuzfahrtschiff werden auch Reisen in nördliche Gefilde angeboten. Während einer Karibik-Reise im Dezember 1906 strandet das Schiff und wird zum Totalverlust.

Bis zum Ausbruch des Ersten Weltkriegs engagiert sich vor allem die Hamburger HAPAG in dem neuen Geschäft. Nach Ende des Krieges verlieren deutsche Reedereien fast alle größeren Schiffe. Ein Neubauprogramm und der Wiederaufbau der Linienschifffahrt beginnt 1920.

Ab 1922 beginnt die Hamburg-Süd Kreuzfahrtaktivitäten mit *CAP POLONIO* im Fahrtgebiet Feuerland. Dieser Geschäftszweig wird mit den Schiffen der MONTE-Klasse weiter ausgebaut. *MONTE CERVANTES* wird im Sommer 1928 durch Eis während einer Nordlandreise leckgeschlagen. Spitzbergen wird als Nothafen angelaufen und der russische Eisbrecher *KRASSIN* zur Hilfe gerufen. Und im Jahre 1930 läuft *MONTE CERVANTES* während einer Feuerlandreise auf einen nicht kartierten Unterwasserfelsen. Bis auf den Kapitän werden alle Passagiere und Besatzungsmitglieder gerettet. Das Schiff selbst versinkt schließlich erst 1954 nach einem gescheiterten Bergungsversuch auf der Schleppreise nach Ushuaia.

Mitte der dreißiger Jahre werden im Rahmen des „Kraft-durch-Freude"-Programms die KdF-Kreuzfahrten geboren: Reisen mit *SIERRA CORDOBA, DER DEUTSCHE* oder später *WILHELM GUSTLOFF* (im April 1938 findet die erste Kreuzfahrt statt) und *ROBERT LEY* auch in den Norden passen in das politische Konzept. Hierbei handelt es sich

PRINZESSIN VICTORIA LUISE in einem norwegischen Fjord

Monte Cervantes

um Massenveranstaltungen für die linientreue deutsche Arbeiterschaft. Gleichzeitig soll dem kritischen Ausland gezeigt werden, was für den Werktätigen getan wird.

Aber schon 1939 kommen alle Schiffe der deutschen Arbeitsfront als Hospitalschiffe im Rahmen der „Legion Condor“ im spanischen Bürgerkrieg zum Einsatz.

Der Kriegsausbruch 1939 bedeutet für die - und mittlerweile traditionelle - Kreuzfahrtschiffahrt ein erneutes Ende.

Beim Wiederaufbau der deutschen Handelsflotte konzentriert man sich in erster Linie auf den Frachtschiffbau. Die Passagierschifffahrt wird nicht mehr die einstige Bedeutung haben. Passagierkapazitäten werden teilweise durch Kombischiffe, also Frachter mit Einrichtungen für 12 bis 80 Reisende geschaffen.

Der Norddeutsche Lloyd bietet ab Februar 1954 mit der *Gripsholm* wieder eine Verbindung Bremerhaven–New York auf der klassischen Nordatlantikroute. 1955 erhielt das Schiff den Namen *Berlin* und wird vor ihrem Abbruch in den sechziger Jahren auch für Kreuzfahrten genutzt.

1959 wird die *Bremen* (die ehemalige französische *Pasteur*) und 1965 die *Europa* (ehemals *Kungsholm*) vom NDL in Fahrt genommen.

Die sich veränderten Reisemöglichkeiten in die USA durch Langstreckenflugzeuge veranlasst schließlich den Lloyd, die Transatlantikroute aufzugeben und sich mit MS *Europa* in die Marktnische der Vergnügungsreisen zu begeben. Kreuzfahrten erfreuen sich weiterhin zunehmender Beliebtheit, und 1982 wird vom Bremer Vulkan eine neue *Europa* an die Hapag-Lloyd AG übergeben. Im Spätsommer

Die Hanseatic an der Antarktischen Halbinsel

1999 wird ein noch komfortablerer Ersatzneubau den traditionsreichen Namen weiterführen.

Diese - auch von anderen Veranstaltern angebotenen - Kreuzfahrten verbinden Luxus, Komfort, Unterhaltungsprogramm mit organisierten Landausflügen, die ein Kennenlernen anderer Kulturen und das Besichtigen von Sehenswürdigkeiten sowie Naturerlebnisse ermöglichen.

Expeditionskreuzfahrten vermitteln eine andere Art des Reisens: Kleinere, individuellere Schiffe ermöglichen, auch in die entlegensten Gebiete zu fahren. Durch entsprechende bauliche Maßnahmen werden auch Reisen in die Gewässer der Arktis und Antarktis möglich. War dies früher nur Entdeckern, Walfängern, Seeleuten und Wissenschaftlern vorbehalten, bekommen nun auch andere Bevölkerungskreise die Möglichkeit, Pinguine, Wale oder Eisbären in ihrem natürlichen Lebensraum zu beobachten.

Bremen

BREMEN I in der Antarktis

Die *HANSEATIC* bei der Fahrt durchs Eis

Seit den Siebziger Jahren bemühen sich verschiedene Anbieter um einen interessierten Kundenstamm vor allem auf dem deutschen und amerikanischen Markt.

Die Auslastung der Schiffe zeigt, dass der Bedarf auch längerfristig vorhanden ist. Wer vom Arktis- oder Antarktisfieber gepackt ist - und es sich leisten kann - hat die Wahl, Expeditionen unterschiedlicher Standards und Reisedauer zu buchen.

Für manchen geht ein Lebenstraum in Erfüllung, zum ersten Mal durchs Eis zu fahren, die sommerliche Mitternachtssonne zu genießen und die relative Unberührtheit der ansonsten unzugänglichen Arktis oder des sechsten Kontinents zu entdecken.

Das typische Expeditions-Kreuzfahrtschiff hat eine Länge zwischen 80 und 120 Metern. Hohe Eisverstärkungen und hervorragende Manövriereigenschaften durch Verstellpropelleranlagen, Bugstrahlruder und Hochleistungsruder sind Standard. Wenn auch die Schiffe nicht so geräumig sind wie die der modernen „klassischen" Kreuzfahrtschiffe, so bieten

Zodiacs auf der Fahrt zur Eiskante

sie dennoch höchsten Komfort bei individuellem Ambiente. Zur Ausrüstung gehören robuste Schlauchboote: die so genannten Zodiacs. In den entlegenen Fahrtgebieten findet man keine Häfen oder Pieranlagen; Landgänge und Erkundungsfahrten werden durch Einsatz der kleinen Boote erst möglich.

Neben der erfahrenen Schiffsführung und Besatzung befinden sich noch ein Expeditionsleiter und Lektoren an Bord: Sie bereiten die Passagiere auf die Besonderheiten vor. Ihre Vorträge beinhalten auch die äußerst wichtigen Sicherheitshinweise zur Minimierung der Unfallgefahren während der Ausflüge und die Verhaltensrichtlinien bezüglich eines naturschonenden Tourismus in den extremen Lebensräumen.

Der Umweltschutz muss eine große Rolle spielen: Abfälle verrotten nur äußerst langsam, sensible Ökosysteme könnten auf lange Zeit durch ungeklärte Schiffsabwässer und ölhaltige Rückstände gestört werden. Eine schwere Havarie und der damit verbundene Austritt von Treibstoffen könnte zur Katastrophe für ganze Pinguinkolonien werden.

Deshalb sind Expeditionsschiffe nach neuesten Umweltrichtlinien gebaut und ausgerüstet mit Kläranlagen, Entölungsanlagen, der anfallende Schiffsmüll wird verbrannt oder komprimiert und an Land entsorgt.

Alle renommierten Anbieter verhalten sich nach Regeln der IAATO, des Verbandes der Antarktisreisen-Veranstalter. Umweltbeauftragte der Unternehmen arbeiten eng mit unabhängigen Institutionen und Organisationen zusammen. Der schonende Umgang mit der Natur ist das Anliegen aller Beteiligten, Müllbehandlungspläne und Notmaßnahmepläne werden ausgearbeitet, und sowohl Besatzung als auch Passagiere müssen mit dem Konzept entsprechend ihrer Funktion vertraut sein.

Zum Reisebeginn stehen neben den üblichen umfangreichen Sicherheitseinweisungen auch Belehrungen über das Verhalten bei Ausflügen auf dem Programm. Die Verhaltensregeln beinhalten unter anderem Sicherheitsabstände zu Tieren, Rauchverbot während der Ausflüge, Umgang mit Lebensmitteln und Müll, Vermeidung von Lärm und die Schonung der Flora.

Diese frühzeitig festgelegten Regeln, die strikte Überwachung durch die Expeditionsleiter und die Schiffsführung und schließlich die zahlenmäßig relativ wenigen Besucher in arktischen und antarktischen Gebieten minimieren negative Umwelteinflüsse auf ein absolutes Minimum.

Dazu gehört auch, dass diese Reiserouten grundsätzlich witterungsabhängig verlaufen: Allen Passagieren ist klar, dass der Kapitän zur Durchführung einer sicheren Navigation – Grundvoraussetzung für Sicherheit

Zodiacs im Einsatz

von Passagieren, Besatzung, Schiff und Vermeidung von Umweltbelastungen – das Fahrt- und Ausflugsprogramm ändern kann.

Nachdem 1984 als erstes Kreuzfahrtschiff das MS *LINDBLAD EXPLORER* die Nord-West-Passage erfolgreich passierte, wurde das Interesse an Reisen dieser Art noch weiter geweckt: Mehrere Veranstalter bieten manchem die Möglichkeit, seine Träume zu verwirklichen.

Spezialisiert sind vor allem die Bremer Discoverer-Reederei, bekannt geworden durch die Schiffe *SOCIETY EXPLORER* und *WORLD DISCOVERER*, sowie die Hapag-Lloyd Seetouristik mit *BREMEN* (ehemals *FRONTIER SPIRIT*) und *HANSEATIC*. Das etwas größere MS *COLUMBUS C.* wird aufgrund geringerer Eisklasse nur in den Randzonen arktischer und antarktischer Regionen eingesetzt.

Gleiches gilt auch für die größeren und auf das traditionelle Kreuzfahrtkonzept zugeschnittenen Schiffe wie beispielsweise *EUROPA*, *DEUTSCHLAND* und *BERLIN*. Zum jährlichen Programm gehören aber selbstverständlich Reisen in die leichter zu befahrenden arktischen Regionen.

Nachdem die *HANSEATIC* im Jahre 1994 die Nord-West-Passage bezwungen hat, steht ein erneuter Versuch am 29. August 1996 nicht unter einem glücklichen Stern: Auf dem Rückweg vom Gjoa Haven läuft das Schiff auf eine Sandbank in der Simpson Strait auf Position 68° 33' Nord und 097° 32' West. Nachdem Versuche, mit eigener Kraft freizukommen, nicht zum Erfolg führen, werden alle Passagiere an den russischen Eisbrecher *KAPITAN DRANITSYN* zur Fortsetzung der Reise abgegeben oder mit Flugzeugen nach Hause geflogen. Am 8. September kann die *HANSEATIC* unter Assistenz der Schlepper *KOTOKAH* und *NAHIDIK* in einer nur vier Minuten lang dauernden Aktion freigeschleppt werden.

Ein solcher, von Presse und Öffent-

BREMEN I in der Antarktis

lichkeit begierig aufgenommener Zwischenfall führt vor Augen, dass auf Expeditionskreuzfahrten - wie auch während früherer und heutiger Forschungsreisen - nicht alles planmäßig verlaufen muss.

Nur die ständig trainierten und verbesserten Notmaßnahmepläne und die hohen Sicherheitsstandards garantieren im Zusammenwirken mit modernen Kommunikationseinrichtungen und schließlich auch erreichbaren Schleppern oder Hilfsfahrzeugen einen Reiseverlauf ohne erhöhtes Risiko für Passagiere, Besatzung und Umwelt.

Segelyachten in polaren Gebieten

Segelyachten in polaren Gebieten – was treibt Segler in arktische und antarktische Gewässer?

Es ist bestimmt nicht der Reiz der Gefahr, sich mit einem relativ leicht verletzbaren Schiffskörper – möglicherweise noch aus Kunststoff – auf einen Törn durch das Meereis zu begeben.

Es ist die Faszination, diese von der Zivilisation abgelegenen „Naturinseln“ zu besuchen. Um diese Ziele zu erreichen, müssen schwierigste Seegebiete unter zum Teil erheblichen körperlichen und seelischen Anstrengungen durchgestanden werden.

Auf dem Weg zur Antarktis sind die stürmischen 40er bis 60er Breiten zu passieren, wo selbst im Sommer auf der Südhalbkugel Windstärken über acht Beaufort keine Seltenheit sind. Oder etwa die berüchtigte Drake-Passage, Kap Hoorn oder in arktischen Breiten Kap Farvel an der Südspitze Grönlands, all das sind klingende Namen, verbunden mit Geschichten und Schicksalen.

Selbst während der Sommer der jeweiligen Halbkugel kann es bis zu –20 °Celsius kalt werden. Versagt da die Heizung oder der Ofen an Bord, wird es richtig unangenehm. Schneefall, Schiffsvereisung oder hoher Seegang erschweren die notwendigen Arbeiten an Deck. Doch für die Anstrengungen werden die Crews mit einer wunderschönen Natur belohnt: bizarre Eislandschaften, Meereis in den unterschiedlichsten Variationen, Eisberge und eine besondere Tierwelt.

Einige deutsche Segler haben beispielsweise Spitzbergen, Grönland oder die antarktische Halbinsel besucht.

Hervorzuheben ist das Ehepaar Wilts, das mit seiner Segelyacht *FREYDIS* in den neunziger Jahren die Arktis und mehrmals auch die Antarktis besuchte und auch weiterhin noch Reisen dahin unternehmen will. Sie versuchten, auf einer der antarktischen Halbinsel vorgelagerten Insel, Deception Island, mit ihrer Yacht zu überwintern. Deception Island gehört zur Gruppe der Süd-Shetland-Inseln. In ihrem Inneren befindet sich ein Kratersee, der durch einen natürlichen Kanal zum Meer mit genügender Wassertiefe auch von Kreuzfahrtschiffen erreicht werden kann. Der Krater ist der Rest eines Vulkans, dessen letzter Ausbruch 1970 erfolgte. Reste dieser vulkanischen Aktivitäten

Die *FREYDIS* ...

sorgen für eine erhöhte Wassertemperatur, so daß sogar ein „Freibad" für abgehärtete Personen in dieser Wildnis in Frage kommt. Die Crew der *FREYDIS* wollte mit ihrer Yacht die lange Polarnacht in diesem entlegenen Teil der Erde erleben. Doch schon in einem der ersten Stürme wurde die Yacht von ihrem Ankerplatz zu einer Untiefe getrieben, geriet auf Grund und erlitt dabei schwere Schäden. Das Schiff musste von der Crew verlassen werden. Sie schafften den Proviant und andere wichtige Teile zum Überleben von Bord, um in einer verlassenen argentinischen Forschungsstation den langen, dunklen und stürmischen Winter zu verbringen. Im Frühjahr konnten sie die Schäden an ihrer Yacht notdürftig beheben und segelten zurück zum südamerikanischen Kontinent.

Aber auch die arktischen Gewässer, besonders Grönland und Spitzbergen, wurden von einigen deutschen Seglern besucht. Bemerkenswert ist die Reise von Burghard Pieske, er segelte mit seinem Katamaran *SHANGRI-LA* entlang der Ostküste Nordamerikas über Südgrönland und Island nach Deutschland.

Arved Fuchs versuchte 1991 bis 1994, mit der *DAGMAR AAEN* die Nord-Ost-Passage, musste aber wegen widriger Eisbedingungen diesen Plan aufgeben.

Clark Stede gelang mit seiner *ASMA* eine Reise rund um Nord- und Süd-

... nach der Strandung auf Deception

amerika. Dabei gelang ihm mit guter seemännischer Leistung die Nord-West-Passage.

Wie gut Sport- und Berufsschifffahrt in diesen abgelegenen Gewässern miteinander auskommen, belegt eine im März 1998 zugetragene Begebenheit. Das zum Alfred-Wegener-Institut für Polar- und Meeresforschung in Bremerhaven gehörige Forschungsschiff *POLARSTERN* lag für Versorgungs- und Forschungsaufgaben vor der Ostküste der King-George-Insel, die ebenfalls wie Deception Island zu den Süd-Shetland-Inseln gehört. Eines Tages empfing der Wachoffizier einen Funkspruch in deutscher Sprache über Sprechfunk. Die Stimme am anderen Gerät gehörte zu Erich Wilts von der *FREYDIS*, der zusammen mit seiner Frau und einigen Freunden in einer benachbarten Bucht vor Anker lag. Nach Austausch von üblichen Informationen über den bisherigen Reiseverlauf und die weiteren Reiseziele fragte die Crew der *FREYDIS* nach Wetterinformationen, da sie in Kürze über die Drake-Passage an Kap Hoorn vorbei in den Beagle-Kanal wollte. Kurzum wurde zwischen dem Meteorologen der Bordwetterwarte der *POLARSTERN*, die vom Deutschen Wetterdienst betrieben wird, und der Crew der *FREYDIS* eine tägliche Wetterberatung über Kurzwelle vereinbart. Der Meteorologe fragte, wie man außer der Versorgung mit Wettervorhersagen weiterhelfen könnte. Dabei stellte sich heraus, daß die Besatzung der *FREYDIS* bereits seit drei Monaten ohne Schokolade war und auch Spaghetti schon Mangelware seien. An Bord der *POLARSTERN* wurde ein Karton mit Schokolade gesammelt, und der Koch stellte noch einige Portionen Spaghetti bereit. Die Entfernung zur Bucht, in der die *FREYDIS* vor Anker lag, betrug nur etwa 15 Seemeilen. Wie konnten die Lebensmittel dorthin gelangen, da zudem die *FREYDIS* schon bald aufgrund der Wettervorhersage ihre Rückreise antreten wollte? Am Nachmittag wollten einige Biologen mit einem der Bordhubschrauber zwecks Zählung zu einer Pinguinkolonie fliegen. Die Yacht war während dieses ohnehin stattfindenden Fluges ohne größeren Umweg zu erreichen. Kurzum verschweißte der Bootsmann die Lebensmittel zusammen mit vom Fahrtleiter der Expedition gespendeten T-Shirts in einen wasserdichten Sack. Damit der Sack nicht untergehen konnte, wurde noch eine Auftriebskugel befestigt, die die Fischereibiologen entbehren konnten. Der Hubschrauber erreichte die *FREYDIS*, die mittlerweile schon segelnd mit Ziel Südamerika unterwegs war. Das

Die Segelyacht *FUTURO* an der antarktischen Halbinsel

Die Segelyacht *FUTURO* unter Motor an der antarktischen Halbinsel

„Versorgungspaket" konnte nach dem Abwurf sicher aufgefischt werden.

Während der Wetterberatungen der folgenden Tage über das Kurzwellengerät erzählte man gerne über Mahlzeiten mit Spaghetti inklusive Dessert in Form von Schokolade.

Nicht jeder, der vom Segelfieber gefangen ist, hat die Zeit, eine entsprechend ausgerüstete Yacht oder das Geld, um auf eigenem Kiel die arktischen oder antarktischen Gewässer zu besuchen. Damit das Ganze aber trotzdem kein Traum bleibt, können Interessierte gegen Gebühr mit einer Yacht und Skipper diese faszinierende Natur besuchen.

So Renommierte Charterunternehmen, wie Logemann-Yachting/Swan Charter Deutschland bieten im Rahmen einer Round the World Rallye auch Törns zur antarktischen Halbinsel an.

Ein Helikopter der *Polarstern*

Erkundung aus der Luft

Die Idee ist eigentlich denkbar einfach: Ist es insbesondere wegen der Vereisung der arktischen Gewässer nicht möglich, mit Schiffen unerkundetes Gebiet zu befahren, so müßte doch das Vordringen in polare Regionen aus der Luft möglich sein.

Zwar stammt der Gedanke einer Erkundung mit einem Ballon aus dem Anfang des 18. Jahrhunderts, aber erst 1838 setzte eine französische Expedition nach Spitzbergen zum ersten Mal einen Fesselballon ein.

Sechzig Jahre später wird von dem Schweden Andrée mit dem Ballon *ØRNEN* der Versuch unternommen, den Nordpol zu überfliegen. Bereits nach drei Tagen zwingt Gasverlust die Schweden zur Notlandung auf dem Eis. Erreicht wird eine Position auf 82,9 Grad Nordbreite, also eine Entfernung von 789 Kilometern zum geographischen Nordpol. Trotz ausreichender Vorräte und vergleichsweise guter Ausrüstung überleben die Expeditionsteilnehmer nur kurze Zeit. Erst dreiunddreißig Jahre später werden ihre Überreste gefunden.

In den Jahren 1907 und 1909 werden Versuche mit einem Luftschiff gemacht. Die noch unzureichenden technischen Möglichkeiten lassen allerdings die Verwirklichung der Pläne des Amerikaners Wellman nicht zu.

Auch in Deutschland macht man sich Gedanken über den Einsatz von Forschungs-Luftschiffen. Vor einem möglichen Arktiseinsatz gilt es allerdings noch, die Leistung und vor allem die Betriebssicherheit der Antriebsmotoren zu verbessern. Auch ist die Tragfähigkeit bislang zu gering, schließlich muß zum Zurücklegen der Reisestrecke und ausreichender Reservezeit Brennstoff mitgenommen werden. Und schließlich entspricht auch die Wetternavigation noch nicht den Forderungen.

Viele offene Fragen hofft man im Rahmen einer Expedition zu klären: Der 1897 vorwiegend für die Bremen-Brasilien-Fahrt vom Norddeutschen Lloyd in Dienst gestellte Dampfer *MAINZ* unternimmt im Jahre 1910 eine Reise nach Spitzbergen. Mit an Bord sind Graf von Zeppelin und Prinz

Start von LZ *127 GRAF ZEPPELIN*

Heinrich. Mithilfe von Fesselballons werden Messgeräte in höhere Luftschichten gebracht, und aus den Bahnvermessungen frei fliegender Ballons werden Berechnungen der Höhenströmungen vorgenommen. Gleichzeitig werden technische Komponenten für Luftschiffe getestet: Testreihen mit Eis- und Bodenankern sind wichtig für das Vertäuen von Luftschiffen, insbesondere in polaren Gebieten. Während dieser Versuche können die sensationshungrigen Teilnehmer in der Gondel des Fesselballons mitreisen. Herabgeholt werden sie mittels Dampfwinde des Robbenfängers *FØNIX*. Dieses norwegische Schiff wurde für diesen Zweck und zur Durchführung von Funkversuchen gechartert.

Die Expedition zeigt, dass das Bereisen mit Luftschiffen im nördlichen Polargebiet möglich ist. Graf von Zeppelin arbeitet Pläne über ein Forschungsprojekt aus. Zwei Luftschiffe sollen zum Einsatz kommen, verschiedene Stützpunkte – ausgerüstet mit

Mast zur Verankerung der Zeppeline in Ny Ålesund, Spitzbergen

Wasserlandung von LZ *127 Graf Zeppelin* vor Hooker Island (südlich von Franz-Josef-Land) zum Postaustausch mit dem sowjetischen Schiff *Malygin*

Motorschlitten und anderen neuen technischen Errungenschaften – können Landexpeditionen ermöglichen.

Der Erste Weltkrieg macht auch hier allen Plänen ein Ende. Erst 1924, nach Gründung der Aeroarctic, der „Internationalen Studiengesellschaft zur Erforschung der Arktis mit dem Luftschiff", werden die Aktivitäten fortgesetzt. Das Luftschiff hat im Gegensatz zum Flugzeug gravierende Vorteile: Der Aktionsradius ist wesentlich größer, es können mehr Beobachtungspersonal und Messgeräte mitgeführt werden, und man ist relativ unabhängig von Landeplätzen.

Auch wenn in diesen Tagen die technische Entwicklung rasant ist, so muss man sich vor Augen führen, welche publikumswirksame Sensation beispielsweise der erste Überflug des Nordatlantiks in westlicher Richtung im Frühjahr 1928 durch die deutsche Junkers *W33 Bremen* ist.

Nicht nur Deutschland, auch andere Nationen forcieren ihre arktischen Aktivitäten aus der Luft: 1925 versuchen Amundsen und Ellsworth, mit zwei Flugbooten den nördlichen Pol zu erreichen. Ein Motorschaden zwingt zur Notlandung, die Besatzungen können sich aber nach dem langwierigen Bau einer Startbahn auf dem

Die *Schwabenland*

Eis wieder mit beiden Flugzeugen nach Spitzbergen retten.

1926 gelingt dem Amerikaner Byrd ein Nordpolflug. Kurz darauf beginnen mit dem Luftschiff *Norge* Erkundungsfahrten über Alaska und das Polarbecken. An Bord sind Amundsen, Ellsworth und der Italiener Nobile. Letzterer bereist 1928 mit der *Italia* erneut die Arktis. Am Nordpol angekommen, hinterläßt Nobile ein vom Papst geweihtes Kreuz. Während des Rückflugs verliert das Luftschiff schnell an Höhe, prallt auf das Eis und verliert die Führergondel. Die in der Gondel befindlichen Expeditionsteilnehmer werden zum Teil verletzt und driften auf der Eisscholle südwärts. Erst nach vier Wochen hat eine internationale Rettungsaktion Erfolg, an der bis zu 1500 Personen auf 16 eisgängigen Schiffen und auch Flugzeugen beteiligt sind. Nobile und weitere acht Teilnehmer können nach und nach in Sicherheit gebracht werden. Die restliche *Italia*-Besatzung verschwindet mit dem wieder aufsteigenden Luftschiff und ist seither verschollen.

Am 28. September 1928 findet die Jungfernfahrt des Luftschiffs LZ *127 Graf Zeppelin* statt. Die Aeroarctic hofft, nun endlich ihre Pläne umsetzen zu können. Nach finanziellen Schwierigkeiten, Problemen mit den Versicherern – man will das Risiko nur bis zum 82. Breitengrad decken –, dem Tod ihres Präsidenten Nansen

Schwabenland

Flugboot am Eis

Anbordnehmen des Flugbootes

und aufgrund der Weltwirtschaftskrise kann die Expedition erst am 24. Juli 1931 beginnen. Während der nur 75 Stunden dauernden Reise werden eine Fülle von Daten gesammelt: Radiosondenaufstiege ermöglichen Messungen bis zur Stratosphäre, die fotografische Erfassung erfolgt mit der Panorama- und der Zweifachreihenmesskammer. Mittels dieser Aufnahmen kann später die Kartierung der bisher unbekannten Gebiete erfolgen.

Vonseiten der Wissenschaftler wird der Luftschiffeinsatz für Forschungszwecke positiv beurteilt. Trotzdem werden weitere Expeditionen auch in anderen Ländern nicht mehr durchgeführt. Der Luftschiffbau wird eingestellt, da die Reichweite und Zuverlässigkeit von Flugzeugen verbessert werden können.

Am 17. Dezember 1938 verläßt das Motorschiff *SCHWABENLAND* der Lufthansa den Hamburger Hafen. An Bord befinden sich die beiden Dornier-Wal-Flugboote *BOREAS* und *PASSAT*. Das Schiff selbst, ursprünglich 1925 als *SCHWARZENFELS* für den Indiendienst der Bremer Reederei DDG Hansa in Fahrt gekommen, ist seit 1934 Flugstützpunkt der Lufthansa im Atlantik. Ausgerüstet ist es mit einer Heinkel-Flugzeugschleuder zum Starten der Flugboote mit einem Gewicht von bis zu 14 Tonnen.

Eine 12-Tonnen-Krananlage am Heck dient dem Anbordnehmen der Flugzeuge. Dies ist Voraussetzung zum Auftanken im Liniendienst zwischen Europa und Amerika.

Diesmal soll die Reise in antarktische Gewässer führen. Das seemännische Personal umfasst neben Kapitän Kottas 53 Mann. Außerdem befinden sich noch 17 Mann der Lufthansa und 11 Wissenschaftler unterschiedlicher Fachrichtungen an Bord. Nach Erreichen der Schelfeiskante im Januar 1939 beginnen die Erkundungsflüge mit den Wal-Flugbooten. In bisher völlig unerkundeten Gebieten können umfangreiche Foto-Reihenaufnahmen gemacht werden. Diese sind Grundlage für kartografische Auswertungen.

Neben den wissenschaftlichen Programmen wird die symbolische Markierung durch Eispfeile mit dem Hakenkreuz des erkundeten und neu benannten Gebiet „Neu-Schwabenland" 1938/39 durchgeführt. Die Aufteilung der Antarktis unter den Großmächten aus nationalen Interessen soll vorangetrieben werden. Natürlich geht es bei dem Hoheitsanspruch der deutschen Reichsregierung auch um die Sicherung der zukünftigen Beteiligung am Walfang.

Die Erkundung mit *BOREAS* und *PASSAT* läuft nicht immer ganz reibungslos: Vereisung und die extrem niedrigen Temperaturen setzen Grenzen für den Flugzeugeinsatz. Bei Auswertung des Fotomaterials wird später festgestellt, dass aufgrund der zum Teil erheblichen Versetzung der Flugzeuge während des Fluges und unzureichender Ortsbestimmung das Kartenmaterial nicht mit der Realität übereinstimmt.

Mit dem Einlaufen in Cuxhaven am 11. April 1939 endet die Expedition. Eine Fortführung des Projektes im folgenden Südsommer (also im Nordwinter 1939/40) kommt nicht zustande, da im September 1939 der Zweite Weltkrieg beginnt.

Während des Zweiten Weltkriegs werden Flugzeuge zusammen mit Schiffen eingesetzt, um Wetterbeobachtungen in den Regionen Grönland, Spitzbergen und Franz-Josef-Land durchzuführen, da durch die Kriegsereignisse der internationale Austausch von Wetterdaten unterbrochen ist. Die Einsätze dienten der Gewinnung von meteorologischen Daten, die vor allem die Grundlage für die Erstellung von Flugwettervorhersagen waren.

Nach Ende des Zweiten Weltkriegs gab es dann über dreißig Jahre keine deutschen Aktivitäten, die Arktis oder Antarktis aus der Luft zu erforschen. Erst als im Jahre 1979 die Bundesrepublik Deutschland dem Antarktisvertrag beitritt und im Dezember 1980 das Alfred-Wegener-Institut für Polar- und Meeresforschung in Bremerhaven gegründet wird, beginnt ein neuer Abschnitt.

Im Dezember 1982 wird das Polarforschungsschiff *POLARSTERN* in Dienst gestellt. An Bord sind zwei Hubschrauber stationiert mit dem

Helikopter auf dem Landedeck der *POLARSTERN*

dazu erforderlichen Landedeck, Hangar und den entsprechenden Werkstätten. Das fliegende Personal besteht aus zwei Piloten und zwei Hubschraubermechanikern. Eine Wetterberatung erhalten die Piloten durch den Meteorologen der Bordwetterwarte, die vom Deutschen Wetterdienst Hamburg besetzt wird. Der Aktionsradius um das Schiff beträgt etwa 130 Seemeilen, mit Zusatztanks auch mehr. Die Hubschrauber werden zum einen für den Transport von Wissenschaftlern und deren Geräten in den Arbeitsgebieten eingesetzt, die sonst nicht zugänglich wären. Im Bedarfsfall werden auch Krankentransporte und andere logistische Aufgaben wahrgenommen. Aber auch für Messflüge mit speziell auf den Hubschraubereinsatz abgestimmten Geräten werden sie verwendet. Mit der Erkundung per Hubschrauber aus der Luft können beispielsweise forschende Biologen Zählungen von Walen, Pinguinen, Eisbären und anderen Tieren vornehmen. Wie Einsätze der Hubschrauberbesatzungen aussehen können, erzählt die folgende Geschichte von Uwe Lahrmann, Pilot des Helikopter-Service Wasserthal (HSW) aus Hamburg:

Des Öfteren wird man als Pilot mit der Frage konfrontiert, ob die Fliegerei in den polaren Regionen gefährlicher sei als in mitteleuropäischen Gefilden.

Natürlich stellen die Polarregionen mit den für Menschen lebensfeindlichen Rahmenbedingungen, wie sehr

Helikopter der *POLARSTERN* mit Außenlast

niedrige Luft- und Wassertemperaturen oder rasant ändernde Wetterlagen, große Gefahren dar. Dazu kommen flugspezifische Erschwernisse wie erhöhte Vereisungsgefahr, extreme Windgeschwindigkeiten, schlechte Sicht- und Kontrastbedingungen durch „White Out" sowie differenzierte Navigations- und Kommunikationsbedingungen. Andererseits führt die ständige Beschäftigung mit diesen Themen zu einem ausgeprägten Sicherheitsbewusstsein. Zumindest für Einsätze von der *POLARSTERN* genießt der Pilot die Exklusivität eines zweiten Hubschraubers, der im Bedarfsfall zur Rettung zur Verfügung steht. Außerdem erhält man eine individuelle Wetterberatung durch die hochmodern ausgestattete Bordwetterwarte, die den Piloten auch während eines längeren Fluges auf die sich rasch ändernden Wetterbedingungen aufmerksam macht.

Pilot Uwe Lahrmann

Der Bericht des Piloten Uwe Lahrmann zeigt, dass sich bei Einsätzen immer wieder Fragen ergeben, die in anderen Regionen der Erde unbekannt sind.

Die *POLARSTERN* kämpfte sich im Rahmen einer Arktisexpedition durch kompaktes Eis in der Framstraße zwischen Grönland und Spitzbergen. An Bord befanden sich Ozeanografen, Geologen und Biologen. Letztere wollten die Flora und Fauna an der Unterseite treibender Meereisschollen erforschen. Zu diesem Zweck sollten mit dem Hubschrauber Wissenschaftler mit ihrer notwendigen Ausrüstung auf eine entlegene Eisscholle geflogen werden, um dort etwa sechs Stunden zu arbeiten. Im Prinzip ein ganz alltäglicher Einsatz, doch es sollte anders verlaufen. Die *POLARSTERN* stoppt bei guten Wetterbedingungen nicht auf, sondern sucht weiter ihren Weg durch das Meereis. Es stellt sich die Frage: Fliegt der Hubschrauber nach dem Transport zum Schiff zurück oder bleibt er bei „seinen Passagieren“?

Als Pilot neigt man natürlich dazu, den Rückflug zum Schiff zu favorisieren, denn das Abstellen der Triebwerke in der Kälte für so einen langen Zeitraum birgt das Risiko, dass sie nicht wieder anspringen. Auf der anderen Seite gibt es auch berechtigte Einwände, denn eine Eisscholle kann unter bestimmten Wind- und Strömungsverhältnissen bis zu einer halben Meile pro Stunde treiben, welches zum Beispiel bei einer veranschlagten Arbeitszeit auf der Eisscholle von sechs Stunden zu einer Differenz von zwei bis drei Meilen zwischen Aussetz- und Einholpunkt führen kann. Trotz GPS und Handfunkgeräten erinnert dann das Wiederfinden an die sprichwörtliche Suche nach der Nadel im Heuhaufen. Ganz zu schweigen davon, dass in diesen Gebieten urplötzlich Nebel auftritt und den Rücktransport der Wissenschaftler für Tage unmöglich machen könnte. Und schließlich gibt es ja noch die Eisbären, da wäre der Rückzug mit dem Hubschrauber einfach sicherer. In diesem Fall blieb der Hubschrauber bei den Wissenschaftlern auf der Eisscholle. Die Eisscholle hatte zirka fünf Kilometer im Durchmesser und war bis zu sieben Meter dick. Bei bestem Wetter verlief die Landung problemlos, die Geräte waren schnell ausgeladen, und alle

Do 228 im Überflug an der *Neumayer-Station* ...

freuten sich auf einen arbeitsreichen Tag bei polarem Hochdruckwetter fern der *POLARSTERN*.

Es begann leise, aber bedrohlich. Die Eisscholle erschütterte zunächst kaum wahrnehmbar, zerbrach aber dann unter ohrenbetäubendem Lärm in zwei Teile. Der Riss verlief knapp fünf Meter neben der Hubschrauberkufe und vergrößerte sich innerhalb von Sekunden auf gut zwei Meter Breite.

Durch Zufall standen Pilot und der geparkte Helikopter auf der gleichen Hälfte der Eisscholle, die Wissenschaftler mit ihrer Ausrüstung drifteten mit zunehmender Distanz auf der anderen Hälfte davon.

Die Geschichte endete nicht dramatisch. Problemlos konnte der Helikopter starten und die „Passagiere" wieder einsammeln. Alle waren dankbar, mit einem Schrecken davongekommen zu sein.

Außer den Helikoptern auf der *POLARSTERN* werden vom Bremerhavener Alfred-Wegener-Institut auch Tragflächenflugzeuge für Forschungs- und Transportaufgaben verwendet. Im Jahr 1983 werden erstmals die Flugzeuge des Typs Dornier 128-6 und Dornier 228-100 *POLAR 1* und *POLAR 2* eingesetzt. Später wurde das kleinere Flugzeug *POLAR 1* durch eine Maschine ebenfalls vom Typ Dornier 228-100 ersetzt und erhielt den Namen *POLAR 3*. 1985 landen die Polarflugzeuge erstmals in der Antarktis. *POLAR 3* wird 1986 über Mauretanien abgeschossen. Als Ersatz kam *POLAR 4* in die Dienste des Alfred-Wegener-Instituts.

Die Einsatzgebiete der Polarflugzeuge sind sowohl Arktis als auch Antarktis. Typische Einsatzorte in der Arktis, wo Messflüge starten, sind die Flugplätze von Longyaerbyen auf Spitzbergen oder Station Nord auf

... und nach der Landung in der Antarktis

Nordostgrönland. Von dem Heimatstützpunkt Deutschland ist die Anreise Richtung Arktis relativ unkompliziert. Zu den Einsatzorten *Georg-von-Neumayer-Station* in der Antarktis und den südlich davon liegenden Sommercamps dagegen dauert die Anreise für die Polarflugzeuge etwa zwei Wochen. Die Route führt von Deutschland über Spanien, Marokko, Westafrika, Brasilien, Uruguay, Feuerland, antarktische Halbinsel und die britische Forschungsstation Halley zur *Georg-von-Neumayer-Station.*
Dort finden jährlich von Ende November bis E nde Februar Messkampagnen statt. Dann fliegen die Polarflugzeuge zurück für den Einsatz in der Arktis für die Sommermonate.

Das mit Rädern ausgestattete Fahrwerk der Polarflugzeuge erhält für Start und Landung auf Eispisten Kufen. Um arktische und antarktische Gebiete aus der Luft zu erforschen, wurden sie mit einer umfangreichen Ausrüstung für geomagnetische Messungen, für Fotogrammetrie und ein Radarsystem zur Bestimmung der Eisdicken bestückt.

Die Do 228 im Anflug

Literatur

Alfred-Wegener-Institut
125 Jahre deutsche Polarforschung
Bremerhaven 1993

Autorenteam des Seewetteramtes
Seewetter
Hamburg 1999

Bundesministerium für Forschung und Technologie
Polarforschung, Bilanz 1974 bis 1987
Bonn 1987

Dietrich, Kalle, Krauss, Siedler
Allgemeine Meereskunde
Berlin 1975

div.
Schiff & Hafen, versch. Zeitschriften
div., Hamburg

div.
Hansa, versch. Zeitschriften
div., Hamburg

Forster
Werke in vier Bänden
Leipzig 1971

Hanseatic-Tours
Handbuch für Polarfahrer Arktis
Hamburg 1996

Hapag-Lloyd AG
div. Jahresberichte und Veröffentlichungen
div., Hamburg

Hapag-Lloyd Seetouristik
Handbuch für Polarfahrer Arktis
Hamburg 1998

Hapag-Lloyd Seetouristik
Handbuch für Polarfahrer Antarktis
Hamburg 1998

Hapag-Lloyd Seetouristik
div. Kataloge und Veröffentlichungen
div., Hamburg

Hoeg
Fräulein Smillas Gespür für Schnee
München 1994

Kludas
Die Schiffe der Hamburg-Süd 1871–1951
Oldenburg 1976

Kludas
Die Seeschiffe des Norddeutschen Lloyd 1857–1919 und 1920–1970
Herford 1991 und 1992

Kohnen
Antarktis-Expedition
Berlin 1982

Koldewey
Jacht „Grönland" im Eismeer
Oldenburg 1979

Nadolny
Die Entdeckung der Langsamkeit
München 1995

Nansen
In Macht und Eis
Berlin 1987

Oesterle
Eisbrecher aus aller Welt
Moers 1988

Pieske
Abenteuer unter arktischer Sonne
Bielefeld 1990

Quilici
Arktis
Köln 1991

Reinke-Kunze
Den Meeren auf der Spur
Herford 1986

Reinke-Kunze
Welt der Forschungsschiffe
Hamburg 1994

RF Reedereigemeinschaft
Forschungsschiffahrt GmbH
div. Prospektmaterial
div., Bremen

Scharnow
Maritime Wetterkunde
Berlin 1990

Schmidt
Polarschiffe
Bielefeld 1988

Schwadtke
Deutschlands Handelsschiffe
1939-1945
Oldenburg 1974

Stede
Rund Amerika
Bielefeld 1994

Thiel (Hrsg.)
Kurs Nord
Heide 1991

Verband für Schiffbau und Meerestechnik
Schiffbau-Industrie
Hamburg 1998

Weiss
Arktis
Wien 1975

Wilts
Weit im Norden liegt Kap Hoorn
Bielefeld 1984

Wilts
Gestrandet in der weißen Hölle
Bielefeld 1992

Wilts
Auf der Route der Albatrosse
Bielefeld 1996

Wilts
Segeln bis ans Ende der Welt
Bielefeld 2000

Wilts
Segelziele voller Wunder
Bielefeld 1997

Wilts
Sternstunden auf allen Ozeanen
Bielefeld 1994

Witthöft
Hapag-Lloyd
Herford 1979

Glossar

Antarktische Konvergenz
Warme und kalte Wassermassen treffen aufeinander und können sich erst einmal nicht vermischen, da sie durch die vorherrschenden Westwinde in parallele Ströme gelenkt werden. Es bildet sich eine Grenze mit mehreren Grad Celsius Temperaturunterschied rund um die Antarktis aus.

Beaufort
Die Schätzung der Windstärke wird nach der zwölfteiligen Beaufort-Skala vorgenommen, zum Beispiel Bft. 4 = mäßiger Wind, Bft. 8 = stürmischer Wind und Bft. 12 = Orkan.

Breitenparallel
Breitengrad, entlang des

Diatomee
Kieselalge, einzellige, mikroskopisch kleine Alge mit Kieselhülle.

Dredge
Gerät zur Beprobung des Meeresbodens. Stahlrahmen mit anmontiertem Kettensack wird vom langsam fahrenden Schiff über den Grund geschleppt.

FS
Abkürzung für Forschungsschiff

Glaziologie
Wissenschaft des Eises

Gondwana
Urkontinent, begann vor etwa 160 Millionen Jahren, sich in Kontinente aufzuspalten.

GPS
Global Positioning System; mittels mehrerer Satelliten ist eine präzise Navigation kontinuierlich möglich.

Growler
Kleinere Eisstücke

Indik
Indischer Ozean

Inlandeis
Eismassen auf dem antarktischen Kontinent und auf Grönland stellen 99 Prozent des Inlandeises der Erde.

Inuit
Zirkumpolares Jägervolk in der Arktis. Frühere Bezeichnung Eskimo.

Kalbungen
Große Eisstücke brechen von Gletschern oder Schelfeiskanten ab und beginnen ihre Reise als Eisberge.

Knoten
Geschwindigkeit, eine Seemeile pro Stunde, 1,852 km/h

Konvergenz
Siehe antarktische Konvergenz

Krill
Bis zu sechs Zentimeter lange Leuchtgarnele, spielt in der antarktischen Nahrungskette eine wichtige Rolle: verzehrt Phytoplankton und dient kleineren und größeren Tieren als Nahrung.

MS
Abkürzung für Motorschiff

Nord-Ost-Passage
Seeweg zwischen dem Atlantik und Pazifik entlang der Nordküste Asiens

Nord-West-Passage
Seeweg entlang der Nordküste Kanadas, verbindet Atlantik und Pazifik.

Packeis
Meereis hat sich zu einer geschlossenen Eisdecke zusammengeschlossen.

Phytoplankton
Pflanzliches Plankton, zum Beispiel Kieselalgen (Diatomeen), betreibt Photosynthese und dient Zooplankton - also Kleinstlebewesen - als Nahrung.

Polarstern
Auch Nordstern, befindet sich im Sternbild des Kleinen Bären und steht fast genau im Zentrum des nördlichen Himmelspols, Namensgeber für das deutsche Polar-Forschungsschiff *POLARSTERN*.

Polynia
Eisfreie Wasserflächen im Packeis

Radiosonde
Messgerät zur Ermittlung meteorologischer Größen wie Luftdruck, Temperatur, Feuchte und Wind in der freien Atmosphäre. Fliegt an einem Ballon bis zu 50 Kilometer hoch.

Schelfeis
Gletscher fließen in das Meer und bilden eine geschlossene bis zu mehrere hundert Meter dicke Eisdecke vor der Festlandküste.

Seemeile
Entspricht 1,852 Kilometer

White Out
Durch Reflexionen des Lichts zwischen Schnee und bewölktem Himmel verschwinden alle Schatten und Konturen.

Wind-Chill
Durch die Kombination von niedrigen Lufttemperaturen und Wind werden ungeschützte Hautflächen stärker abgekühlt.

Zirkumpolar
Um den Pol herum

Bildnachweis

Ralf Brauner, Wedel 8, 9, 10 unten, 12, 15, 16, 17, 18, 19, 21, 22, 27, 29, 35, 46, 48, 50, 51/5, 53, 54 rechts, 56, 63, 73, 74, 77 unten, 79, 82, 87 oben, 88, 89, 90, 91, 92, 93, 96, 97, 98, 99, 100, 101, 102, 104, 105, 110, 126, 128, 133, 134, Autorenfoto

Deutsches Schiffahrtsmuseum, Bremerhaven 32, 38, 130, 131

Ernst-Peter Greve, Bremen 11 oben, 37, 40, 81, 94, 95

Hapag Lloyd Kreuzfahrten GmbH, Hamburg
6, 106, 109, 111, 112/113, 114, 115, 116/117, 118/119

Hapag-Lloyd AG, Hamburg 108/109

Howaldtswerke-Deutsche Werft AG, Kiel 51/1, 51/2

HDW Nobiskrug GmbH, Rendsburg, 51/3, 51/4

Niels Jakobi, Kiel 41, 43, 64, 66, 67 oben, 72, 76 oben, 77 oben, Autorenfoto sowie alle Skizzen und Aquarelle

Ursula Jakobi, Kiel 42, 67, 69, 103unten

Gert König-Langlo, Wremen 68, 83, 84

Ulf Krüger, Hamburg 23, 124 unten, 125

Uwe Lahrmann, Quickborn 135

Klaus Müller, Bremen 6, 44, 45, 49

Raytheon Marine GmbH, Kiel 75 oben (Logo)

Heidi Schmid, Starnberg 46, 52, 54 rechts, 57, 59, 60, 61, 62, 87 unten, 89, 136, 137

Stefan Schwarze, Borna 24, 78 oben

Erich Wilts, Cuxhaven 5 unten, 120, 122, 123, Titel

Archiv Luftschiffbau Zeppelin GmbH, Friedrichshafen 127 unten, 129

Dank

Für Anregungen und Mithilfe im Rahmen der Gestaltung und Vervollständigung unseres Buches möchten wir uns bei folgenden Instituten, Firmen und Privatpersonen bedanken:

Alfred-Wegener-Institut
für Polar- und Meeresforschung,
Bremerhaven

Deutsches Schiffahrtsmuseum,
Bremerhaven

Ernst-Peter Greve,
Bremen

Hapag-Lloyd Kreuzfahrten GmbH,
Hamburg

Hapag-Lloyd AG, Historisches Archiv,
Hamburg

Howaldtswerke-Deutsche Werft AG,
Kiel

HDW Nobiskrug GmbH,
Rendsburg

Ursula Jakobi,
Kiel

Carsten Jakobi,
Mainz

Herbert Köhler,
Bremerhaven

Gert König-Langlo,
Wremen

Ulf Krüger,
Hamburg

Uwe Lahrmann,
Quickborn

Klaus Müller,
Bremen

Raytheon Marine GmbH,
Kiel

Heidi Schmid,
Starnberg

Stefan Schwarze,
Borna

Heide und Erich Wilts,
Cuxhaven

Luftschiffbau Zeppelin GmbH,
Friedrichshafen

Impressum

Ralf Brauner, Niels Jakobi
Meer & Eis –
Leben und Forschung im Eis
ISBN 3-88412-352-1

1. Auflage 2001

Herausgeber:
DSV-Verlag GmbH
Gründgensstrasse 18
22309 Hamburg

Layout/Titelgestaltung:
machart, Hamburg
Scans: Reproform, Hamburg
Filmbelichtung, Druck, Bindung:
Girzig+Gottschalk GmbH, Bremen

Printed in Germany